电子信息技术实践与应用研究

刘 丽 著

东北林业大学出版社

Northeast Forestry University Press

·哈尔滨·

图书在版编目（CIP）数据

电子信息技术实践与应用研究 / 刘丽著 . — 哈尔滨：
东北林业大学出版社，2024.1

ISBN 978-7-5674-3443-1

Ⅰ . ①电… Ⅱ . ①刘… Ⅲ . ①电子信息 – 研究 Ⅳ .
① G203

中国国家版本馆 CIP 数据核字 (2024) 第 030833 号

责任编辑：彭　宇

封面设计：优盛文化

出版发行：东北林业大学出版社

　　　　　（哈尔滨市香坊区哈平六道街 6 号　邮编：150040）

印　　装：河北万卷印刷有限公司

开　　本：787 mm × 1092 mm　1/16

印　　张：15

字　　数：203 千字

版　　次：2024 年 1 月第 1 版

印　　次：2024 年 1 月第 1 次印刷

书　　号：ISBN 978-7-5674-3443-1

定　　价：98.00 元

前　言

　　我国电子信息技术的发展极大地改变了人们的生活方式，使人们的生活变得更加便利和快捷。本书在此基础上展开叙述。

　　第 1 章阐述了信息科学技术的含义以及电子科学技术的发展历程，接着讲述了电子信息技术中信息的获取与传递，最后阐述了电子信息技术信息的处理、存储与检索。

　　第 2 章阐述了电子信息技术的构成及特性，先分别从电子信息技术中的信号、电路、系统三方面进行介绍，接着讲电子信息技术涵盖的科学和技术，最后讲述了电子信息技术专业的特点。

　　第 3 章阐述了电子信息技术在移动通信领域的实践与应用，先说明了 5G 的含义，接着介绍移动通信的发展，然后介绍了 5G 的关键技术，最后介绍了 5G 技术在各领域的应用。

　　第 4 章阐述了电子信息技术在人工智能领域的实践与应用，先介绍了人工智能的含义，接着介绍了人工智能的发展，最后介绍了电子信息技术在人工智能领域的应用。

　　第 5 章阐述了电子信息技术在物联网领域的实践与应用，先介绍了物联网的发展，接着介绍物联网的体系架构，然后介绍物联网的关键技术，最后介绍了物联网技术在各领域的应用。

　　第 6 章阐述了电子信息技术在工业和农业领域的实践与应用，先介绍了工业的含义，接着介绍了工业 4.0 和制造业，然后介绍了电子信息技术在工业生产中的应用，最后介绍了精细农业的含义和电子信息技术在精细农业中的应用。

第 7 章阐述了电子信息技术发展意义和未来的发展趋势，对电子信息技术未来的发展做了一定的预测，期望电子信息技术在未来会发展得更好，以便能更好地为人类服务。

由于时间仓促，作者水平有限，书中难免有疏漏和不足之处，敬请广大读者指正。

作者

2023 年 8 月

目　录

第 1 章　电子信息技术概述

1.1　信息技术及信息科学的含义

信息技术是指用于管理和处理信息所采用的各种技术的总称，它主要应用计算机科学和通信技术来设计、开发、安装和实施信息系统。信息技术也常被称为信息和通信技术，主要包括传感技术、计算机技术和通信技术。

1.1.1　关于信息技术

根据信息技术的使用目的、范围、层次不同，人们对信息技术的含义界定也有所不同。

（1）凡是能扩展人的信息功能的技术，都可以称作信息技术。

（2）信息技术包含通信、计算机与计算机语言、计算机游戏、电子技术、光纤技术等。

（3）现代信息技术以计算机技术、微电子技术和通信技术为特征。

（4）信息技术是指在计算机和通信技术支持下用以获取、加工、存储、变换、显示和传输文字、数值、图像以及声音信息，包括提供设备和提供信息服务两大方面的方法与设备的总称。

（5）信息技术是人类在生产斗争及科学实验中认识自然与改造自然过程中所积累起来的获取信息、传递信息、储存信息、处理信息以及使信息标准化的经验、知识、技能和体现这些经验、知识、技能的劳动资料有目的的结合过程。

（6）信息技术是管理、开发和利用信息资源的有关方法、手段与操作程序的总称。

（7）信息技术是指能够扩展人类信息器官功能的一类技术的总称。

（8）信息技术是指应用在信息加工和处理中的科学、技术与工程的训练方法和管理技巧，是上述方法和技巧的应用，是计算机及其与人、机的相互作用，是与人相应的社会、经济和文化等诸种事物。

（9）信息技术包括信息传递过程中的各个方面，即信息的产生、收集、交换、存储、传输、显示、识别、提取、控制、加工和利用等技术。

"信息技术教育"中的"信息技术"，可以从广义、中义、狭义三个层面来定义。

广义而言，信息技术是指能充分利用与扩展人类信息器官功能的各种方法、工具及技能的总和。该定义强调的是从哲学上阐述信息技术与人的本质关系。

中义而言，信息技术是指对信息进行采集、传输、存储、加工、表达的各种技术之和。该定义强调的是人们对信息技术功能与过程的一般理解。

从狭义上说，信息技术指的是利用计算机、网络、广播电视等多种硬件和软件手段，对文图声像各种信息进行获取、加工、存储、传输与使用的技术总和。这一概念的界定着重强调信息技术的现代化水平及高技术含量。

随着科技的进步，人们对信息的认识日益加深，"信息"所蕴含的内涵也在日益增加。无论是什么信息，都要用语言、文字或者图像去表达。因此，信息离不开语言、文字和图像。

但是语言、文字和图像无法与信息相提并论。例如，人们用同样的语言介绍相同的东西：一个人的语言表达很简洁，他的逻辑和思路很清晰，表述也很到位；而换成另一个人，他长篇大论，但却词不达意，不能很好地描述出事情的来龙去脉，总之表达效果不好，无法使人理解事情的实质。于是，人类把语言、文字和图像看作一种消息，将信息看作一种由消息表现出来的自然界事物运动变化的内在规律和活动的本质。但很多时候，人类并没有将两者进行严格区别，因为信息是用来传递消息的，消息就等同于信息。

信息不是创造出来的，而是客观存在的，而且不以人的意志为转移。因为现在人们掌握的科学技术水平有限，加上经验不足和对信息的研究不充分，对很多的自然现象还不能深入了解，甚至并没有感知到它们的存在，有的是虽然知道它们的存在，但却没有办法来描述它们。对自然界的这些未知的事物，它们还未进入人类的认知体系，也不能用信息技术来描述它们，因此也不能给人们提供信息量。

人类能够持续地获取大自然的信息，并充实人类的知识积累，而这一切的前提是发展科学技术。科学技术包括信息技术，它可以使信息畅通，并将信息转化为人类的共有资源和财富。人从动物到人的演化，第一步就是产生了语言。有了语言，人们才可以交流，交换他们所获得的资料。也许动物也拥有"语言"，不过它们的语言要比人类的语言有限得多。随后，人们发明了能够记载语言和其他信息的文字，进而发明了印刷技术，才有了出版和藏书，让信息得以长久地保留和继承。1839 年，法国人达盖尔研制出了一种新型的银版摄影，它利用了一种光敏物质，克服了显影和定影的技术难题，并将影像的拍摄工作推向了一个新的高度。到目前为止，信息的四种形态——声音、数据、图像和文本都已基本完备，但是这些媒介的运用仍需不断探索与创新，这也是一个社会文明发展水平的体现。

信息技术与世界文明发展的关系如表 1-1 所示。

表1-1　信息技术与世界文明发展的关系

信息技术	世界文明发展	信息技术	世界文明发展
语言	人类文明开始	电报和电话	第二次工业革命
文字	文化	广播和电视	第三次工业革命
印刷	文艺复兴	互联网技术	知识经济时代
邮政	第一次工业革命	—	—

语言是人类最主要的接触和交流的工具。1876 年，贝尔发明了有线电话机，这种电话机能跨越海洋，跨越遥远的距离，使人们彼此之间可

以语音通话。因此，电话机成为当时最伟大的发明之一。贝尔发明的第一部电话机的原理比现在的程控电话机要简单得多，因为在那个时候，还没有任何有关电子信息方面的知识，只需要靠最基础的电气原理，就可以通过听觉来调节线路的电压，从而使电话两端联通起来。

人类除使用文字以外，还可以使用图片。到了 1988 年，黑白电视机已投入商业使用，它可以把影像传送到每一个家庭，让人们看上电视节目。上述技术是随着工业革命而产生的，并且大大加速了工业革命的发展进程。我们无法想象，早期没有手机的人们是如何发展自己的工业的。电视不仅可以充实人们的精神世界，还可以作为一种生产手段用于远程医疗会诊、武装机器人、导弹电视导航等。

前面提到的电话和电视，都与电力相关。但是，信息科技却可以说不需要电力，如机械技术、激光技术等。1877 年，爱迪生发明了留声机（即现在的录音机），它通过录音来制造机器的振动。把一根铝片绕在一根带着螺旋凹痕的金属圆柱上，使它的一端与锡纸摩擦，另一端与听筒的隔板相连。一边摇手柄，一边旋转螺旋形的金属圆柱体，一边对着听筒歌唱，歌声则会通过针尖在锡纸上记录下声波的振动。然后将唱针放回原位，再次旋转金属筒，振动膜发出和原来一样的声音。这是早期的留声机的工作方式。留声机外形优美，在过去是财富的标志。

汉字技术也在不断发展着，中国率先应用了印刷术和激光照排技术。国内激光照排技术在国际上处于领先地位，而且它的应用非常宽泛。

但是，20 世纪 90 年代以来，随着互联网、移动通信、数据通信等新技术的迅速发展，世界经济和社会发生了巨大的变化，推动了世界范围内的信息化进程。21 世纪，信息技术对我国的经济和社会发展产生了更为巨大的冲击。应用广泛、渗透程度极高的信息科技，正在酝酿着重要的新的突破。信息资源越来越普遍地被视为生产要素、无形资产和社会财富。在当今世界，信息科技是最有可能产生突破的新的生产力。信息化已经是国家现代化程度、国家实力的一个显著体现。

1.1.2　关于信息科学

"科学"一词经常出现在技术领域中，然而科学到底是什么，不同时期不同国家的不同研究者会给出不一样的结论。因此，"科学"至今也没有一个公认的概念界定。以下我们列举几种大家经常听到的具有代表性的概念界定。

《辞海》1979 年版："科学是关于自然界、社会和思维的知识体系，它是适应人们生产斗争和阶级斗争的需要而产生和发展的，它是人们实践经验的结晶。"

《辞海》1999 年版："运用范畴、定理、定律等思维形式反映现实世界各种现象的本质和规律的知识体系，社会意识形态之一。按研究对象的不同，可分为自然科学、社会科学和思维科学，以及总括和贯穿三个领域的哲学和数学。按与实践的不同联系，可分为理论科学、技术科学、应用科学等。科学来源于社会实践，服务于社会实践。它是一种在历史上起推动作用的革命力量。在现代，科学技术是第一生产力，科学的发展和作用受社会条件的制约。现代科学正沿着学科高度分化和高度结合的整体方向蓬勃发展。"

法国《百科全书》："科学首先不同于常识，科学通过分类，以寻求事物中的条理。此外科学通过揭示支配事物的规律，以求说明事物。"

在"科学"这个术语的各种定义中，我们还能发现其所具有的普遍意义："它是一种系统性的认识，它真实地反映了一个客观的东西的内在法则。"

从"科学"这个术语出发，我们可以很容易地了解信息科学的意义。信息科学既是一门古老的学科，又是一门新的学科。它之所以存在，是因为人们在古代和近代都要从外部获得信息。说它是一门新的学科，是因为信息科学一直在不断地发展和更新。现代社会普遍认为，信息科学是人类认识自然、感知自然、了解社会、沟通情报的一门综合学科，由信息论、控制论、计算机科学、仿生学、系统工程与人工智能等学科互相渗透、互相结合而形成。从技术的观点来分析，可以这样理解：信息科学是对信息获取、传输和处理的系统进行研究、展示、存储、检索和应用的学科，涉及语言、文字、数据（包括物理参数）、生物信息、图像等信息。

在信息科技迅速发展的今天，全球的工业系统中信息业不断发展壮大。我国信息技术发展迅速，科研院所众多，现已在各高校开设了通信工程、电子信息工程、电子科学与技术、光电信息工程、计算机科学与技术、电子媒介技术和计算机技术等相关工程学科。在高等教育的基础上，国家对各个专业的发展进行了详细的规划，以实现对信息技术领域的高层次人才的培育。进入 21 世纪以后，学科高度融合，学科的专业设置、学科分工、人才的培育都将随之发生相应的调整和变革。

1.2 电子科学技术的发展

1.2.1 电与电子管

人们在公元前就发现摩擦可以产生电。1820 年 4 月，丹麦物理学家奥斯特在上课时，把通电的导线接近指南针，发现指南针发生了偏移。后来历经几个月的实验研究，在 1820 年 7 月奥斯特发表了论文《关于磁针上电流碰撞的实验》。从此，奥斯特发现了电流的磁效应，标志着人类进入电磁学时代，该实验被称为奥斯特实验。1820 年，法国物理学家安培在奥斯特实验的基础上做了大量的实验，主要研究电流和磁场的关系，并得出了安培定则，该定则也被称为右手螺旋定则。

1831 年 10 月 17 日，英国著名的物理学家、化学家法拉第通过实验发现了电磁感应现象，该现象是电磁学的重大发现之一。1831 年 10 月 28 日，法拉第发明了世界上第一台发电机。发电机的发明为 19 世纪 60 年代的发明奠定了基础，这一时期的发明有电灯、电话、电报、电动工具等。发电机的发明意义重大，有了发电机，在 19 世纪末到 20 世纪初才能产生电子技术。

电子管的发明是电子技术开始发展的标志。1883 年，爱迪生在研制灯泡时发现灯丝受热后附近存在热电子。1885 年，英国电气工程师弗莱明发现在真空灯泡里装上碳丝和铜板，电子可以从阴极单向流动到阳极。1904 年，弗莱明发明了世界上第一支真空二极管，它可以对交流电进行整流，也可进行检波，利用二极管可以对电子进行控制。但是真空二极管功能有限，不足以支持电子技术的发展，真空三极管的发明才真正标志着人类进入电子技术时代。

1906 年，德福雷斯特为了提高真空二极管的性能发明了真空三极管。真空三极管的发明意义重大，它使信息技术进入电子时代。无线电、电视机、收音机都是在三极管的基础上制造出来的。在半导体三极管出现以前，真空二极管和真空三极管被使用了 50 多年。

在真空管原理的基础上，很多电真空器件被发明出来，比如电视的显像管、摄像机的真空摄像管、示波管等。目前，等离子、液晶显示已经取代了显像管，CCD 半导体器件取代了摄像管。但是电真空器件仍然被人们使用，比如在微波炉、高频发射机等中使用。

1.2.2　半导体器件

1. 电子管的缺点

利用电子管可以制造出很多电子设备，电子管也可以用于制造计算机。但是电子管有很多缺点，比如体积较大、功耗大，而且灯丝需要加热后才能发射电子，所以一个电子管相当于一个小灯泡。第二次世界大战期间，美国发明了用于计算炮弹弹道的计算机，该计算机是世界上第一台计算机。该计算机使用了 18 800 个电子管，设备长宽为 15.24 m（50 ft）×9.144 m（30 ft），占地面积为 139.355 m^2（1 500 ft^2），质量高达 30 t，每小时用电超过 174 kW，但是其计算速度却很慢，仅有 5 000 次 /s，该计算机被使用了 9 年。

2. 半导体晶体管的发明

半导体晶体管的发明使电子科学技术进入新时代。

半导体是在常温下导电性能介于导体和绝缘体之间的材料。半导体的代表材料有硅、锗、砷化镓等，其中硅的使用较多、影响力较大。1947 年，巴丁、布拉顿和肖克利制造出了世界第一支点接触型锗晶体三极管，因此肖克利被誉为"晶体管之父"，这三位科学家在 1956 年共同获得了诺贝尔物理学奖。

晶体管相比电子管体积小、功耗低，因此晶体管逐渐取代了电子管，成为各种类型设备的主流器件。结型晶体三极管的内部结构及电路符号如图 1-1 所示。

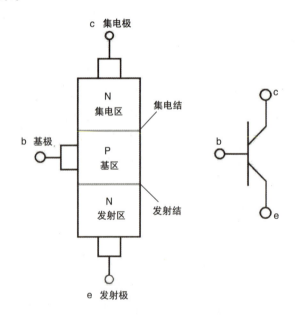

图 1-1　结型晶体三极管的内部结构及电路符号

1.2.3　集成电路

虽然晶体管的体积比电子管小很多，但是晶体管还不够小，使用10 000 支晶体管做成的电子设备还是比手大。在电子管和晶体管被发明后，集成电路的发明成为电子器件第三次革命的标志。

1958 年，美国工程师杰克·基尔比制造出了世界上第一块集成电路芯片，他在 6.45 mm² 的硅片上集成了 12 个元件，这是电路制作的一次革命性发展，从此人类进入微电子时代。在基尔比发明集成电路之后，美国工程师诺伊斯提出利用平面处理技术来大批量生产集成电路。随后集成电路产品逐渐取代了晶体管分离元器件，集成电路在美国硅谷形成了巨大的产业链。随着集成电路的不断创新发展，电子产品的体积变得越来越小，使得后期人们使用的计算机和手机变成现实。

1961 年，世界第一台集成电路计算机诞生。该计算机由德州仪器公司研制，使用了 587 块集成电路，质量 300 g，体积不到 100 cm³，功率为 16 W。

集成电路以门电路数量来区分集成电路规模，100 个以下为小规模，100 ～ 1 000 个为中规模，1 000 ～ 10 000 个为大规模，10 万个以上为超大规模。目前，一块芯片的电路单元个数可达 10 亿左右。集成电路芯片内部图如图 1-2 所示。

图 1-2 集成电路芯片内部图

集成电路产品种类众多，一些典型的集成电路芯片如图 1-3 所示。

图 1-3　集成电路芯片

目前，芯片技术已进入 SOC 时代。所谓 SOC 就是把一个电子系统集成在一块集成电路芯片上，比如计算机主板芯片，如图 1-4 所示。集成电路芯片的优点是设备体积更小，设备可靠性更好，成本更低；此外，也可提高电子产品生产效率。随着电子信息技术的发展，集成电路不再是单纯的电路，而是形成系统，集成电路相互连接就可形成一台整机。目前，集成电路公司不仅生产集成电路，还会提供整机解决方案，整机生产厂家主要负责产品外形设计和配套软件，这是目前电子信息产业的新特点。这个特点促进了电子信息产业的调整，使得学科分工更加明确，对于大学电子信息教育来说，促进了大学专业设置、课程设置和教学计划的调整。

1.2.4　21 世纪新型电子器件——纳米电子器件

电子器件的下一次革命将由纳米电子学和纳米器件领导。纳米电子器件的功能更加强大，它将引起信息科学技术新的变革。随着电子信息技术的不断发展，固体器件的尺寸将变得更小，小到纳米级尺寸，其中受限的信息电子将呈现量子力学波动效应和现象，使得电子器件用经典力学无法解释。对于信息电子来说，它的众多特性是十分重要和有用的，可以促进人们对新电子器件的研究和制造，比如纳米集成电路、纳米显示器等。

图 1-4　计算机主板芯片

当前，世界电子学发展的趋势是纳米电子学，世界范围内的各国科学家都在不遗余力地进行研究，并取得了不错的成果。1997 年，北京大学纳米科学与技术研究中心在北京大学成立，该中心通过各学科交叉，在超高密度信息存储、纳米尺度的生物研究、纳米结构加工、近场光学显微技术等方面取得了不凡的成果，并发现了 0.33 mm 级别的单壁碳纳米管。除此之外，香港科技大学和中国科学院上海微系统与信息技术研究所共同组建了"纳米电子器件联合实验室"。

1.3 电子信息技术中信息的获取与传输

1.3.1 信息获取

所有生物的生存都离不开信息的获取。人类获取信息主要通过眼睛、耳朵、鼻子、手等，人的大脑负责对获取的信息进行分析、加工，从而使人做出相应的动作。目前，人类的感知能力是自然界中最强大的，没有任何生物能够超过人类。制造出像人一样的机器是信息科学技术的最高目标：制造出的机器能像人一样感知外部环境，可以自主思考分析并做出相应的判断，可以根据不同的外部环境做出不同的动作。

1. 语音信息的获取

获取语音信息的方法有很多种，早期人们使用的留声机采用声波引起的机械振动来获取语音信息，除此之外，使用较多的方法是将声音转换成电信号，实现这种转换的转换器被称为拾音器。拾音器是一种声音传感器，人们日常使用较多，比如移动电话和固定电话的送话器、麦克风等。按照声波转换成电信号的机理不同，拾音器可分为两种：一种采用压电晶体，也被称为压电陶瓷；另一种采用动感线圈。压电陶瓷因其具有的物理特性可用于语音信息获取，其物理特性是瓷体受压会产生电，可以通过瓷片两边的金属膜把电信号引出，假如在瓷片两边加电压信号，瓷片会产生和电压信号强度相同的振动。动感线圈的工作原理是线圈切割磁力线会产生电压。两种拾音器的共同点是都有一个"纸盆"来感知声波的振动。两种拾音器的原理和结构如图 1–5 所示。压电陶瓷具有成本低、灵敏度高的优点，缺点是音质不好，因此利用动感线圈原理制作的传感器使用较多。

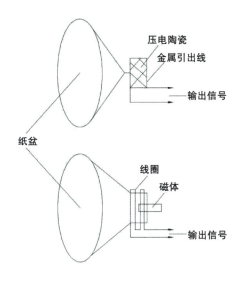

图 1-5　拾音器原理示意图

2.图像信息的获取

图像信息的获取在人们的生产生活中广泛应用，比如人们日常生活中使用的照相机、摄像机、视频会议、实时监控和医学上的远程医疗，此外还有机器人视觉、地球资源遥感等。图像信息获取的前提是摄像头，摄像头可分为两大类：一是光电摄像管，二是半导体电荷耦合器件（CCD）摄像头。早期光电摄像管使用得较多，现在全部采用半导体电荷耦合器件摄像头。

（1）光电摄像管的工作原理。以光电摄像管为例，如图 1-6 所示，它由感光靶面、电子束扫描控制、光学镜头系统组成。当拍摄时，人或者物通过光学镜头，在由光电转换材料制成的靶面上成像。由于光的强弱不同，相对应的感光点上的电压也不相同，每个感光点上的电压信号由摄像管产生的电子束扫描靶面获取。从左到右扫描一条线，这条线被称为一"行"，一次完整的靶面扫描被称为一"场"，这就是光电摄像管的工作原理。应用要求不同，扫描的快慢也不相同，在模拟电视系统中每秒扫描 50 场，每场图像扫描 625 行，资源卫星的图像遥感扫描频率可以非常低。彩色由红、绿、蓝三原色组成，所以就需要红、绿、蓝三个摄像头摄像才能形成彩色图像。

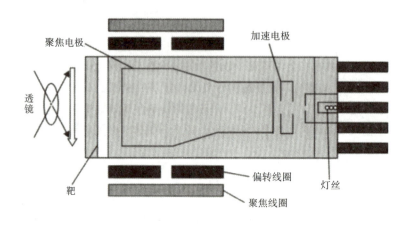

图 1-6 光电摄像管原理图

（2）CCD 半导体摄像头工作原理。目前，电荷耦合器件取代了光电摄像管的靶面，DSP 控制芯片取代了光电摄像管中的电子束扫描系统。一个 CCD 元件可以形成一个像素点，目前 CCD 可以做到形成 1 450 万个像素点。相比电子束扫描，DSP 控制芯片的控制精度高得多，其功率也很小。因此，CCD 被广泛应用于图像传感器领域。

电荷感应、控制和传递三个小单元构成一个 CCD 单元。光的强度决定了电荷的多少，感应单元的电荷依次按行在控制单元的控制下传递出去，按行、场的规律排列就形成了一幅图像。

不同用途采用的 CCD 器件不同，如红外成像和微波遥感等。红外成像广泛应用于医疗、森林防火、温度检测、工业控制、夜视仪等，微波遥感可以应用于资源卫星探物、探矿等。

3. 物理参数信息的获取

在工业生产中往往需要监测各种物理参数，比如温度、流速、压力、流量、张力、变形等。获取这些物理参数需要利用传感器才能实现。一般传感器需要将被测参数的变化转变成电参数的变化才能获取物理参数信息。此外，材料是设计和制造优质传感器的关键。

1.3.2　信息传输

信息传输是电子科学技术研究的一个重要方面。信息传输也可称为通信。

1. 通信系统模拟

假如把各种不同的通信系统抽象化，则可用图 1-7 来表示任意通信系统的模型。

图 1-7　通信系统模型框图

（1）信源：是指消息的来源，由它产生消息。按照信息和消息的含义，信源是客观世界，其中包括人类社会和宇宙。信源负责消息的发出。

（2）发送设备：它是多个功能分设备的总称，负责信息获取、编码、调制、信号数字化、信号处理等。

（3）信道：信号传输过程中经过的通道，如大气、电线、海水等。

（4）接收设备：负责完成与发送设备对信息所进行的相反变换，比如解码、解调等，最后还原出所传送的信息。人们都希望接收设备能够完全还原出送入发送设备的消息，这是可以做到的，但是在很多情况下没有必要，原因有两个方面。

①设备有一定的精度，还原的消息能达到感知仪器的精度要求即可。

②提高传送信号的精度会导致设备成本提高，根据实际应用在传送

精度和成本之间折中选择即可。

（5）接收者：人或者机器。

（6）干扰源：信息在传输过程中受到的干扰，如外来干扰和内部噪声等。

2. 通信系统类型

通信系统有多种分类方法，按照信道类型可分为有线通信和无线通信，如互联网、固定电话属于有线通信，无线通信有移动电话、广播电视、卫星通信等。利用光纤传输信息属于有线通信，大气激光通信属于无线通信。

不同无线通信工作频率各不相同，如中波广播的频率为 535 ～ 1 605 kHz，广播电视的工作频率为 49 ～ 863 kHz，移动通信的工作频率为 450 ～ 2 300 kHz。由于频率不同，设备的性能指标也不相同，所以各个频段安排的用途也不相同。

1.4 电子信息技术中信息的处理、存储与检索

1.4.1 信息处理

1. 信号处理与信息处理

信号通常是指代表信息的物理量，如光信号、电信号等，这些信号是消息经过转换后得到的。信号可分为两类：一是模拟信号，二是数字信号。如图 1-8 所示为模拟信号波形，如图 1-9 所示为数字信号波形。它们由信号幅值、持续时间、频率等参数决定，如果消息百分百转换成信号，这时消息中的信息就转移到了信号中，所以这时的信号序列已经含有信息，信号序列就变成了信息的载体。人的大脑可以对信息进行加工处理，机器对信息只能通过对信号序列进行处理。

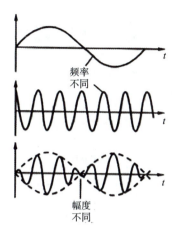

图 1-8　模拟信号波形

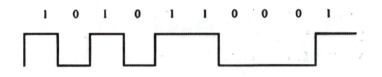

图 1-9　数字信号波形

（1）信号处理。信号处理是针对信号中的某一参数，如编码、插值、去噪、滤波等进行运算。在处理过程中，系统不会考虑信号参数代表了什么信息，所以信号处理模型为"信号参数→信号参数"，如图 1-10 所示，就是输入的是信号参数，输出的也是信号参数，处理过程无法感知信号参数代表的信息内容和信号处理后的效果。

（2）信息处理。信息处理有两种方式：一是"信号→信息"，二是"信息→信息"，如图 1-11 所示。信息的处理是通过对信号参数的处理来实现的。信息处理和信号处理两者的区别是信息处理引入了对信号参数的理解，所以它对信号参数的处理的目的是服从信息本身，如要求音质好、视频图像清晰度高等。信息处理包括信息参数提取和增强、信息分类和识别等。

019

图 1-10　信号处理模型

图 1-11　信息处理模型

数字电视进行第一种信息处理——输入信号后输出图像。对于数字电视机来说，其对信号处理的最终目的是使图像更加清晰。语音翻译机进行第二种信息处理，系统对语音信号进行处理的前提是提高语音信息的质量。信息处理输出的是信息，这些信息有语音、图像、文字等。信息处理模型中对信号处理的目的是获取需要的信息参量指标，这和信号处理模型中的"信号→信号"是不同的，所以把它表示为"信号→信息"模型。

2. 汉字识别

汉字识别分为两种：一种是印刷体汉字识别，一种是手写体汉字识别。目前，印刷体汉字识别技术已经非常成熟。因为每个人的笔迹各不相同，写字风格也不同，所以对于手写体汉字的识别相对比较困难。20世纪 90 年代，我国"863 计划"组织了对手写体汉字识别的研究，并取得了不错的成果。

手写体汉字识别分为两种：一种是联机手写体汉字识别，另一种是脱机手写体汉字识别。联机手写体汉字识别是利用和识别系统连接的输入设备，如写字板、光笔等，当写下一个字后系统开始识别，识别完毕后才能写下一个汉字。目前这项技术已经非常成熟，现在的手机基本都具备这项功能。脱机手写体汉字识别是把手写的汉字变成图片，以图片的方式进行扫描输入识别系统进行识别。

3.语音信息处理

语音信息处理包含两个方面内容：一是语音识别，二是语音合成。目前，语音处理技术研究已经取得了不凡的成果，研制出了非常成熟的语音合成和识别芯片，这些芯片已经应用到机器人中，很多智能玩具也使用了这种芯片，使得智能玩具可以和人对话。

（1）语音识别。第一，语音识别要将模拟语音波形数字化；第二，从数字语音信号中提取语音参数，这个步骤需要用到很多技术，其中有线性预测系数分析、求倒谱系数、全极点数字滤波、反变换、离散傅立叶变换等；第三，建立语音的声学模型和语音模型；第四，根据语音参数搜索和匹配语音模型与声学模型；第五，识别出语音。

（2）语音合成。如果把语音识别看作把语音转换成文本文件，那么语音合成则是把文本文件转换成语音，这就是语音合成的原理。利用语音合成技术可以制造具有朗读功能的书和可以读报的机器。

4.图像信息处理

语音信号是一维时间函数，而图像是二维的；语音信号处理是对数字序列进行运算，而图像信号处理是对一个平面的数据进行运算。因此，图像信号处理所需要的运算量比语音要大很多。图像处理涉及很多内容，比如图像去噪、变换、增强、边沿提取，还有图像理解、分割、识别等。图像信息处理技术应用比较广泛，如用于视频通信、人脸识别、网络电视、监控、目标识别、地球资源勘探等。

1.4.2　信息存储

在电子信息科学领域，信息存储属于计算机科学。下面将介绍几种应用广泛的电子信息存储技术。

1.磁存储

硬盘是磁存储的主要设备，它是计算机的外部设备。计算机利用磁头把数据变成磁的信号刻录在硬盘磁体上。硬盘上的数据可以进行擦洗，也可重写。硬盘有很多种规格，最小的硬盘直径仅有 3.3 cm，可以用在摄像机上作为存储器。

目前，硬盘的容量不断增加，现在的台式计算机硬盘存储量可达 500 GB 以上，笔记本硬盘存储量可达 250 GB 以上。硬盘的转速由存取数据的速度决定，存取速度越快，硬盘转速越高，所以高转速硬盘比低转速硬盘存取速度快。一般硬盘的转速为 5 400 r/min 或者 7 200 r/min。

2. 光存储

光存储是利用激光头把计算机数据记录在 CD 盘上。CD 盘分两种：一种是仅支持一次写入的 CD 盘，另一种是可以多次擦写的 CD 盘。不同的 CD 盘盘面性能有很大差别，好的 DVD 盘可以保存数据 70 年，一张 DVD 盘可存储 4.7 ～ 8.3 GB 的数据。随着技术的不断进步，盘面存储数据量还会提高。

3. 半导体移动存储器

半导体移动存储器也被称作闪存，英文名字为 Flash Memory。闪存是一种可擦写的存储器，配上不同的接口电路就形成了不同形式的产品，如配上 USB 存储接口就变成了 USB 移动存储器，如图 1-12 所示。目前，容量最大的 USB 移动存储器容量可达 1 TB。

图 1-12　USB 闪存

配上 9 针接口电路的半导体移动存储器成为 SD 卡，如图 1–13 所示。SD 卡的尺寸为 24 mm × 32 mm × 2.1 mm，这个尺寸是固定的，和 USB 相比其存储速度更快，目前容量最大的 SD 卡容量可达 128 GB。除此之外，还有记忆棒和 CF 卡半导体移动存储器。

图 1–13　SD 卡

目前，USB 闪存使用较为广泛，人们在日常工作中常常用它存储数据，它在工作中发挥了重要作用。其次使用较多的是 SD 卡，SD 卡已取代计算机软盘，成为一种使用广泛的移动存储器。记忆棒和 CF 卡一般使用在电子设备中，如照相机等。

4. 纳米存储器

纳米存储器是 21 世纪新一代存储器。目前，光存储器的存储单元尺寸在微米级水平，而处在快速发展中的纳米存储器的存储单元尺寸可达纳米级水平。利用纳米级存储技术，在相同的几何体积内其存储量可提高 100 万倍。如一个不到 2 cm³ 的纳米存储器可以存储一个大型图书馆的所有书籍资料。

目前，人们研究的存储器有很多种，其中有分子存储器、纳米管 RAM、全息存储器、聚合体存储器、微设备存储器等。

1.4.3　信息检索

信息检索是信息技术研究的重要内容之一。信息检索是指将信息按照一定的方式组织和存储起来，并按照用户的要求，查找出其所需要的信息。信息检索技术包括信息的组织、结构、标识和检索系统两个方面。

按照信息检索的内容可将其分为文件检索、概念检索、数据检索、事实检索。任何内容的检索都需要利用检索系统来完成。检索系统由检索文档、检索设备、检索系统规则组成，其中检索设备有计算机、网络等。

当前的社会是信息网络化社会，社会中的各种信息都汇集到了网络中。信息要想最大限度发挥作用，就需要网络具有很好的信息检索功能，唯有如此，网络资源才能够共享，才能实现社会信息化。

第 2 章　电子信息技术的构成及特性

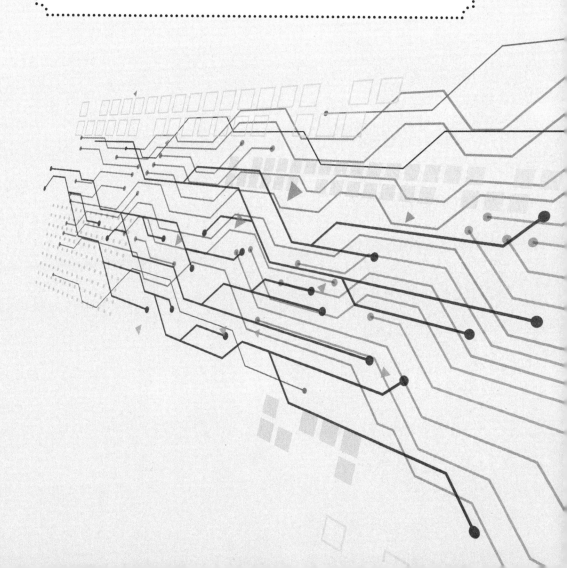

2.1　电子信息技术中的信号、电路、系统

2.1.1　信号的含义

人们生活和工作中事物的外在表现和变化被称作信息，如声音、温度、图像、文字、压力、速度等。这些信息经过传感器变成电流或电压就形成了信号。如果信号没有特别指定，这些都可称作电信号。电信号可以表示为电荷、频率、电压、电流等。

例如：人们生活中常用的手机，人的声音经过话筒可以转换成音频电信号，对方的手机经过解析电信号就可听到你的声音；人们用摄像机记录大自然中美丽的风景，摄像机通过镜头中的图像传感器将风景转换成视频信号，然后通过电光转换器件（显示器）以红、绿、蓝三原色在屏幕上显示出各种美丽的光像，从而还原摄像机录制的视频或拍摄的照片。

简单来说，所有变化着的或不变的电流或电压都可以称为信号，也可以称为电信号。手机送话器送来的电压波是信号，另一端手机接收的也是信号。此外，大到宇宙射线，小到收音机接收到的音频，这些都是信号。

信号具有复杂性，同时也是非常重要的，信号和人们的生产、生活息息相关。人们发明制造的各种电子设备，包括电子设备中的电路都是为发射和接收信号来设计的。信号不同，电路也不同。不同的信号需要不同的电路，如果信号变化了，电路也要随之变化。例如：人们声音的音频信号是 20 Hz ～ 20 kHz 的低频模拟信号，音频信号需要使用低频模拟放大器来进行处理，这些低频模拟放大器也可称为电压放大器和功率放大器；人们观看的电视图像，这些图像是由电视台发来的信号，这些信号属于高频已调信号，所以接收这些高频信号则需要有高频放大器、

变频器、中频放大器等各种处理电路；计算机处理的信号属于数字信号，所以人们就设计了大量以门电路、触发器等为基础的数字集成电路。

因此，在利用和分析电子设备的电子线路时，首先要知道它可以处理什么样的信号，以及信号在电路中的流通与转换方式，然后结合电路知识和系统组成，就可以走通电路、掌握系统，电子设备的设计维护和使用将更加顺利。

2.1.2 信号的分类

信号有很多种，其分类方法也有很多种。即使同一个信号，在不同的场景下也有不同的名称。在电子技术与通信系统中人们常用的信号有基带信号、调制信号、数字信号、模拟信号、音频信号、视频信号、确定信号和随机信号等。

1. 确定信号和随机信号

从信号的性质来分，信号可分为确定信号和随机信号两类。

（1）确定信号。确定信号也可称为规则信号。因其在指定的时刻有确定的函数值与其相对应，所以被称为确定信号。例如，周期性方波、正弦波等都是确定信号，这些波的电压或电流都可以用一确定的实践函数来表述。

确定信号可以使用傅立叶分析法分析。图 2-1 是确定信号的几个实例。

（2）随机信号。随机信号也可称为不规则信号。因其在指定的时刻没有确定的函数值与其相对应，所以被称为随机信号。常见的噪声、干扰等都属于随机信号；通信、广播中传输的音乐、图像、文字等通常是不可预测的，具有不确定性，所以这些信号也属于随机信号。这些信号的波形如图 2-2 所示。

相对于确定信号，随机信号的分析是很复杂的，只能使用统计和概率的方法来讨论。

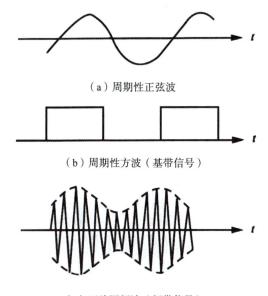

（a）周期性正弦波

（b）周期性方波（基带信号）

（c）正弦调频波（频带信号）

图 2-1　确定信号（规则信号）

图 2-1 中的确定信号均有确定的时间函数表达，它们分别为

正弦信号：

$$f(t) = A\cos\Omega t$$

方波信号：

$$f(t) = \frac{1}{2} + \cos\Omega t - \frac{2}{3\pi}\cos 3\Omega t + \frac{2}{5\pi}\cos 5\Omega t + \cdots$$

正弦调频信号：

$$f(t) = A(1 + m\cos\Omega t)\cos\omega_0 t$$

2. 基带信号和频带信号

基带信号是指经过各种传感器或转换器变换出来的电信号。基带信号具有能很好反映出原信息变化特征的优点，如送话器输出的音频信号、摄像头输出的图像或视频信号、温度传感器输出的温度变化的电信号、压力传感器输出的压力大小变化的电信号，这些信号都属于基带信号。

基带信号可以理解为没有经过调制、频谱转换，可以直接反映信息变化的一种信号。

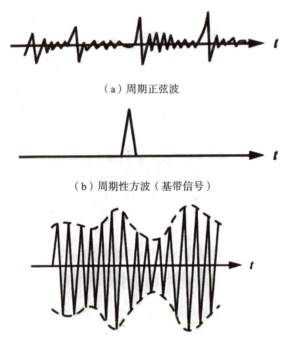

（a）周期正弦波

（b）周期性方波（基带信号）

（c）正弦调频波（频带信号）

图 2-2　随机信号（不规则信号）

传输系统是将信号由一地传向另一地的系统。这些系统有有线广播系统、有线电话系统、监控系统等。基带信号一般为宽频带信号，其最高频率和最低频率之比一般远大于 1，例如语音信号，其最高频率可达 15～20 kHz，最低频率只有几十赫兹。

频带信号是指经过调制后的信号，也可称作已调信号或调制信号。相比而言，频带信号的带宽比较窄，其最高频率和最低频率之比略大于 1，所以频带信号也可称为窄带信号。如我国中短波调频（AM）广播信号的带宽为 9 kHz，调频（FM）广播信号的带宽约为 130 kHz。

人们生活中常用的广播系统、通信系统不是基带信号传输系统，它们是利用调制技术把基带信号的频谱搬移至信道所对应的工作频率范围内，然后再进行传输的系统。

3. 模拟信号和数字信号

模拟信号和数字信号是电路和系统中要处理的两种最基本的信号。模拟信号的信号波形是一种时间的连续函数。在任何一个时间，都有一个确定的函数值与其相对应。简言之，模拟信号是在时间和幅值上都连续的信号。在电子系统中，音频信号、视频信号、温度变化信号、交流供电信号、压力变化信号等都是模拟信号。

数字信号的信号波形是一种不连续的时间函数。简言之，对时间轴来说，其函数值是不连续的。数字信号只有高低两个电平的变化，分别表示信号的有无和开关的通断，如开关信号、电键通断信号、计算机处理的信号等都是数字信号。

4. 低频信号和高频信号

低频信号和高频信号都属于模拟信号。对于高频和低频没有绝对的分界线，两者之间是一个相对的概念。例如，几兆赫信号和几百千赫信号或几十千赫的信号，前者为高频，后者为低频，而前者和几十或几百兆赫的信号相比较，就成了低频或中频信号。

通常最高频率低于几十千赫的信号为低频信号，20 Hz 至 20 kHz 的音频信号是低频信号的典型代表。

2.1.3　信号的表示方法

信号的表示方法有时域表示法和频域表示法两种，如图 2-3 所示。

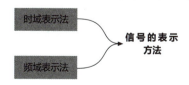

图 2-3　信号的表示方法

时域表示法是用一个横轴为时间变化的函数表示，可以使用示波器来观察这类信号的波形。

频域表示法是用一个以横轴为频率变化的函数表示，可以使用频谱分析仪来分析其频率成分。

这两种方法都有其各自的特点，可应用在不同场合。对于频域表示法，人们也不陌生，如声音信号的频率范围为 20 Hz 至 20 kHz，男低音的声音中低频丰富而且幅度较高，女高音则相反，这些举例其实就是信号频域表示法概念的体现。

时域表示法和频域表示法的表示方式其实是一致的，它们之间也有密切的联系。例如，一个正弦信号，它的数学表达式为

$$f(t) = A_\mathrm{m} \sin \omega_0 t$$

其波形图与幅度频谱图如图 2-4 所示。由图 2-4 可见，信号时域表示法的图形较为直观，它是最常用的一种表示方法；而频域表示法则更加简单。频谱图是表明信号中有什么的频率分量，各分量的幅值、相位为多大的谱线图形，分别称为信号的幅度频谱和相位频谱，最常用的是幅度频谱。对于时域波形较为复杂的信号，如电视信号，用频谱图进行描述是很方便的。

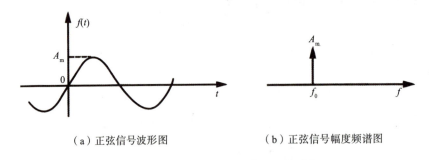

（a）正弦信号波形图　　　　　（b）正弦信号幅度频谱图

图 2-4　正弦信号的波形图与频谱图

信号的时域表示和频域表示之间有直接关系，它们之间的转换可以采用傅立叶正、反变换来实现。用傅立叶正变换可将信号由时域表达式转换成频域表达式，即

$$F_n = \frac{1}{T} \int_{-\frac{\pi}{2}}^{\frac{T}{2}} f(t) \mathrm{e}^{-jn\Omega} \mathrm{d}t$$

同样，用傅立叶反变换可将信号由频域表达式转换成时域表达式，即

$$f(t) = \sum_{n=-\infty}^{\infty} F_n \mathrm{e}^{-j\omega\pi} \mathrm{d}t = \frac{1}{2\pi} \int_{-\infty}^{\infty} F(\omega) \mathrm{e}^{j\omega t} \, \mathrm{d}\omega$$

对于周期性信号可用傅立叶变换将其展开成傅立叶级数。级数的表达式有好几种，比如三角形式、指数形式等。三角形式的表述如下：

$$f(t) = a_0 + \sum_{n=1}^{\infty} \left(a_{nm} \cos n\Omega at + b_{nm} \sin n\Omega t \right) =$$

$$a_0 + \sum_{n=1}^{\infty} A_{nm} \cos \left(n\Omega t + \varphi_n \right) =$$

$$\sum_{n=-\infty}^{\infty} F_{nm} \mathrm{e}^{j=2}$$

2.1.4　信号与系统

消息的表现形式和载体是信号，信息或者消息是信号的具体内容。电子信息技术研究的是电信号，电流和电压是电信号的表现形式。

电子设备中的电子器件、电子电路等都是具体的物体，是可以触摸到的，电子器件、电子电路中流动的则是触摸不到的无形的电信号。信号可以被称为电子设备的神经，是电子系统的脉络。一种信号需要相对应的电路，处理信号是电路设计制造的目的。

1. 电路与信号

众所周知，电路的服务对象是信号，信号不同需要的电路也不相同。模拟信号主要靠线性电路和非线性电路来处理，其重点是放大器、频率变换电路。数字信号则需要以门电路为基础单元的组合逻辑电路（加法器、编码器、译码器等）和时序逻辑电路（触发器、计数器、寄存器、

存储器等）等来处理与变换。如果要用数字电路来处理模拟信号，然后再恢复成模拟信号，则需要做"模→数"（A/D）及"数→模"（D/A）电路的转换。计算机中的音频卡、视频卡，电视接收机中的部分数字化处理电路等就是这方面的典型例证。图2-5给出了几种信号变换与相关电路的实例。

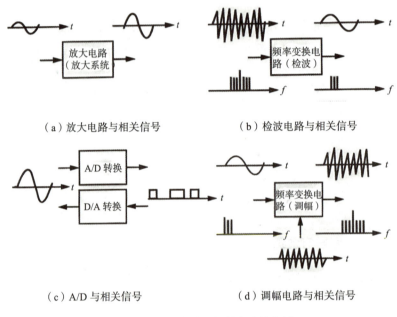

（a）放大电路与相关信号　　　　　　（b）检波电路与相关信号

（c）A/D与相关信号　　　　　　（d）调幅电路与相关信号

图2-5　信号变换与相关电路的实例

2. 系统与信号

在广播系统和通信系统中，收发电子设备电路的选取和设计是由信号决定的。例如，现在的广播电视，仍是模拟信号体系，其所发出的信号是模拟电视信号，所以电视接收机的高频放大器、混频电路、本机振荡电路、中频放大电路、自动增益控制电路等都是高中频模拟电路。现在号称数字式的电视机，也只是在视频检波后将视频信号进行A/D转换后用数字电路进行处理，然后再进行D/A转换，恢复出模拟视频信号，送往显示部件显示出图像，故它不能称为数字电视机，充其量只能称为局部数字化的电视机。只有图像信号的采集、处理、转换、传输、显示等全过程都以数字信号为对象，以数字电路为载体的体系和设备，才是真正意义上的数字电视。我国在 2015 年停播传统的模拟电视。目前，全国各地的有线电视台均播放数字电视节目。为了能在传统的电视机上收看这些节目，需借助于电视机顶盒对数字电视信号进行处理，使其转换成模拟电视信号再送至电视机接收。

综上所述，信号与系统、电子设备是相互依存的关系。多种功能电路和设备组成了系统，有的系统很大，大到一个电影院，有的系统很小，小到一个话筒；有的系统很复杂，复杂到一个电视台广播系统，有的系统很简单，简单到一个电视伴音接收机。在一个很大很复杂的系统中，信号需要作多种变换和处理后才能送到终端设备为人们服务。弄清楚并掌握系统中信号的流通与变换，是设计、调测、维护、检修电子设备的关键所在。

2.1.5　电路与系统

系统的基本单元是电路，也可以说电路和电子设备组成了系统。电路和电子设备好比一棵树，系统则是一个森林。

电路也可称为电网络或网络。电路包含电阻、电容、半导体器件、集成电路等元器件，这些元器件由导线等连接并形成一个能实现一种功能的单元。系统是由不同的电路以及其他相关部件组成的一个整体。简言之，系统是由若干个相互依赖的部件组成的具有一定功能的有机整体。

电子电路可分为数字电路、模拟电路、高频电路、控制电路等多种类型。电子设备的主体就是这些电路。

在电子学领域，系统有很多类型，常见的有数据采集系统、广播系统、计算机系统、监控系统、汽车电子系统、生产自动化系统、电子导航系统等。这些系统包含很多电子设备，每种电子设备都是由很多种电子电路和部件组成的。

常见的电子系统、电子设备、电子电路、电子元器件之间，数据采集存在着相互依存的关系。随着科学技术的快速发展，通信系统、计算机网络、数据采集与处理系统等规模越来越庞大，其内部的组成也越来越复杂。

在电子信息技术中，系统在不同场合、不同电路中其名称各不相同，其区分如下：

（1）按照电路元器件、部件的线性和非线性来区分，可分为线性系统和非线性系统。

（2）按照系统内元器件或部件的参数随时间变与不变来区分，可分为时不变系统和时变系统。

（3）按照所处理信号是否连续或离散来区分，可分为连续时间系统、离散时间系统和混合系统。

2.2 电子信息技术涵盖的科学和技术

电子信息技术覆盖的科学和技术领域相当广泛，其中涵盖了电子、信息、通信、电视、测量、广播、控制、计算机等很多科学和技术，同时电子信息技术还和新能源、新材料、核技术、航空航天等学科有着密切的关系。早期的电子信息技术发展和研究主要集中在半导体、通信、广播、电磁场、信息传输、电子测量等领域。随着电子和信息技术的快速发展，电子技术和信息技术已被纳入一个新领域，朝着以电子为载体的信息技术领域发展，其内容和分支也越来越多。由于电子信息技术涉及的范围很广，因此很难界定其边界。电子信息技术是不断发展的，很少有人能赋予它确切的定义及范围。

电子信息技术涵盖的科学和技术包含以下几个方面。

2.2.1 信息网络技术

信息网络技术在社会和经济发展中有着举足轻重的作用。信息网络技术是世界各国竞争的焦点之一，其中信息网络技术中的关键技术是世界各国竞争的重点。此外，我国不断出台相关政策鼓励和支持信息网络技术的发展。

当前，信息网络技术发展迅速，新一代信息网络体系和技术将呈现以下发展趋势。

1. 天地一体化信息网络技术及安全

随着世界各国卫星的不断研制，火箭发射、多星发射等各种技术的不断进步和发展，卫星网络技术发展迅速。人类可以把卫星网络技术应用在国家安全、航空航天、灾害预警等领域，让卫星网络技术可以更好地服务于国家和民生。

此外，卫星网络技术的安全非常重要。天地一体化信息网络和传统的信息网络有很大不同，其面临着网络供给、数据窃取等很多威胁，因对此卫星网络安全技术的研究将是未来信息网络技术研究的趋势。

2. 基于现有信息网络的演变与机制的完善

基于现有信息网络的演变与机制的完善主要包含基于测量和管理的网络行为建模及方法、可扩展的动态光联网体系结构及关键技术、超大容量光波网络和交换与路由、超高速光传输理论与方法、复杂电磁环境中的通信理论等。

2.2.2　测试技术

测试技术是利用测量装置把测试对象的各种信息检测出来，并加以量度。测试技术是一项综合技术，其包含很多专业门类。目前，测试技术已被广泛应用于各种领域，如电子信息、工农业生产、城市建设、军事等，测试技术在这些领域起着重要的作用。

现代测试的信号处理技术涉及众多学科内容，其中包括人工智能、模糊理论、模式识别等。现代测试技术打破了经典测试理念和方法的局限，可以较好地处理非线性和时变信号，这些效果是传统测试技术无法达到的。

随着世界科学技术的快速发展，新一代自动测试系统正逐步推出和应用。新一代测试技术包含很多关键技术，其中包括自动测试系统的体系结构、测试系统与智能诊断系统的结构、复杂系统综合健康管理、先进测试软件的开发技术等。

当前，软测试技术、射频识别技术（RFID）、光电测试技术和视觉测量技术等取得了很多成果。软测试技术也被称作软传感器技术，它是根据某种最优准则选择一组既与被测过程变量有密切联系又容易测量的变量，再通过数学计算和估计方法实现对被测过程变量的测量，这一测量方法在过程控制与优化中得到了广泛应用。RFID技术是一种使能技术，属于一种新兴的测试技术，其基本原则是利用射频信号的空间耦合或传输，实现对物体的自动识别。

2.2.3　新型显示技术

显示技术广泛应用于人们的生产生活中，如电视、测量、计算机、医疗、军事、航空等领域，显示技术在这些领域起到至关重要的作用。

传统的显示设备大多使用阴极射线显像管、发光二极管和液晶显示器。当前，平板显示产业已经成为一种新兴产业，平板显示技术也成为信息技术的核心技术之一。新型显示器有很多种，包括大屏液晶显示器、等离子体显示板、LED显示器、LCD显示器、CRT显示器等。

2.2.4　射频识别技术（RFID）

RFID技术也被称为射频标签技术，该技术起源于第二次世界大战时期的飞机雷达探测技术，经过几十年的发展，目前已被广泛应用并进入标准化时代。RFID技术和互联网、通信技术结合起来，可以在全球范围内跟踪物品和实现信息共享。

RFID技术是利用射频无线电通信实现非接触式自动识别的技术。其基本原理是利用射频信号经空间的电感或电磁耦合或雷达式的传输特性，实现对目标的自动识别。RFID技术在物理、民航、交通等各个领域均有广泛应用，常用的刷卡系统就是一个典型应用实例。RFID 系统的典型组成框是由主控计算机、读写器、天线及电子标签等几大部分组成的。

2.2.5　嵌入式系统

嵌入式系统是将计算机芯片直接嵌入应用设备中的一个系统，是信息技术的终端产品之一，是融合集成电路设计、计算机软硬件、通信、多媒体和机电一体化等多学科的一门技术。嵌入式系统已广泛应用于网络、通信、交通、电视、军事、医疗、智能家电等各个领域。

嵌入式系统由嵌入式硬件、嵌入式操作系统、嵌入式中间件、应用平台等多个层面组成。人们常用的嵌入式操作系统有 Linux、Windows10、安卓系统、iOS 系统等。

2.2.6　传感器技术

传感器技术是把各种物理量转化为电信号或相关信息的技术，传感器是信息化的源头设备。传感器技术已广泛应用于数据采集、医疗、机械、测试、计量等领域，也是这些领域的关键技术。传感器技术的发展水平是体现一个国家综合科技水平的重要标志之一。

传感器技术是一门综合技术，该技术主要研究传感器机理、材料、设计、工艺等。传感器技术既是一门交叉学科，也是一门边缘学科；其涉及的领域较为广泛，其中包括材料学、纳米技术、电子技术、微电子技术、计算机技术等。

新一代传感器具有高精度、智能化、微型化、数字化、集成化和网络化的特点，如微机电系统（MEMS），该系统是在微电子技术的基础上诞生的重要成果。目前，MEMS 传感器逐渐取代了大体积传感器，并广泛应用于工业生产、计算机、机器人、汽车运输、航空航天、通信、生物医学等领域，并在这些领域占据关键位置。

智能化、网络化传感器是传感器技术发展的方向之一，智能化传感器利用微型处理器可以处理信息和存储信息，也可以进行"逻辑思考"和"结论判断"。

2.2.7　新一代空管系统

空管系统也可称为空中交通管理系统。空管系统包含多种基础设置和技术平台，涉及航空导航、通信、气象、情报、监视，也包括空域管理、流量管理、气象服务、管制服务、情报服务等。

空管系统是智能交通管理的一部分。当前，智能交通管理已经从天空发展到陆地，智能交通管理已经被应用到城市交通管理和水上交通管理等领域。

新一代空管系统涉及航天、通信、航空、计算机、电子、控制等多个学科，是很多高新技术发展的源头，由此可见其属于技术密集型产业。

新一代空管系统由四部分组成，包括通信、导航、监视、空中交通管理。通信、导航和监视是新一代空管系统的基础设施，空中交通管理是管理方法、配套设施和应用软件的组合。

航空电子涉及飞行器上的电子设备和相关电子技术，其涵盖很多电子设备和技术，其中包括各种综合显示系统、通信系统、导航系统、飞机管理系统等。目前，航空电子正向飞行智能化、系统综合化、运行协同化、信息全球化的时代迈进。新一代航空电子系统可以在飞行中发现故障并报警，以保证飞行器的飞行安全。

2.3　电子信息技术专业的特点

电子信息技术涉及很多专业，其中有电子技术、电子信息工程、医疗电子、通信工程、电子测量等，这些专业培养的目标各有侧重，但是大的培养方向是一致的。

社会对电子信息技术专业的毕业生的需求一直比较旺盛，优秀人才供不应求，很多毕业生的未来发展、社会贡献常常引人注目、令人羡慕。当然，电子信息技术专业对学生的要求也非常严格，通过几年的学习，学生要具有基础厚、专业广、实践好、能力强的特点。因此，电子信息技术专业具有先进性和高发展性，就业面广和可拓展性，技术难度高和软硬件结合、实践创新的特点，如图 2-6 所示。

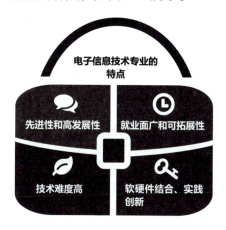

图 2-6　电子信息技术专业的特点

2.3.1　先进性和高发展性

电子信息技术可以促进人类生产生活方式的发展和变革。电子信息技术是 21 世纪发展的重点学科之一，该技术已经被广泛应用于人们的生产生活中。当前，计算机计算速度在不断提高，新软件不断诞生，各种集成电路的研发和制造工艺快速发展，航空航天技术成果丰硕，通信、广播、电视系统数字化和换代标准不断推陈出新，这些都证明电子信息技术具有广阔的发展空间和旺盛的生命力，同时也证明了此类专业的先进性和高发展性。

2.3.2 就业面广和可拓展性

为了让学生毕业后可以适应多个领域，满足社会对电子信息技术人才的要求，电子信息技术专业设置了科学的课程和教学计划。

首先，此类专业重视基础课程教学，包括数学、物理、英语等基础课程；还包括专业课程教学，如信号与系统、电磁场理论、数字信号处理、软件基础、数字电子技术基础、数据结构与算法、模拟电子技术基础、计算机原理与接口、电路分析基础、通信电路原理、通信系统原理等专业课程。

其次，专业覆盖面广。电子信息技术类专业包含多种类型课程，其中包括通信类课程、电子测量类课程、计算机软硬件课程、EDA类课程；此外还有多种选修课，其中包括汽车电子技术、数字图像处理、微波技术、语音处理、视频技术、多媒体与流媒体技术等。

最后，电子信息技术类专业重视学生实践能力，使学生具备电子工程设计能力是所有院校培养的重要方向。电子信息技术类专业除了设置传统课程和多门选修课程外，还设置了很多实践课程，这些课程包括电子工程设计、电子竞赛实训、电子实践创新、毕业设计等；同时鼓励和支持学生参加各种设计竞赛，让学生在实践中得到锻炼，把学到的专业知识转化成实际成果，以此提高学生的实践能力。

实践课程的安排，把多个学科的基础、知识和技能融合在一起，这些课程不仅有硬件，也有软件；不仅有数字技术，也有模拟技术；不仅有低频，也有高频；不仅有电路，也有系统；不仅有有线，也有无线；不仅有理论，也有实践。这些实践课程是对学生综合能力的训练，使学生毕业后能满足多个领域的需求。

2.3.3 技术难度高

上面讲到电子信息技术的先进性、高发展性以及就业面广和可拓展性的特点，这些特点表明电子信息技术类专业具有技术难度高的特点。

其难度高表现在以下几个方面。

1. 课程具有一定难度

学习电子信息类课程需要有较好的数学基础和外语水平，也需要有扎实的电路基础理论，这些理论包括电路分析、通信电路与系统、信号与系统、计算机软硬件、电子电路等；同时需要有宽广的专业知识层面，这些知识层面包括通信类、EDA 类、音频类、视频类、电子测量类、计算机类等。这些课程都具有一定的难度，需要学生认真对待和学习。

2. 需要很强的实践和创新能力

实践和创新能力是指学生的工程设计能力。工程设计能力包含很多方面，其中有系统设计、智能控制软件设计、硬件电路设计、印制板图设计，此外还包括电路元器件的选择、软件的调整与测试、电路的安装与调试等。这就需要学生努力学习，全身心地投入。学生在学习过程中不断克服困难、解决问题，才能充分掌握电子信息技术类知识，提高自身的实践和创新能力。

2.3.4 软硬件结合、实践创新

现在的电子产品、设备和系统，都是软件和硬件结合的产物。计算机软件是计算机的语言、程序、代码等，硬件是由电子元器件、芯片、电路板按照设计组成的设备、产品和系统。因此，从事电子信息技术相关工作的专业人员不仅需要有扎实的硬件功底，还需要有很好的软件基础，否则将无法很好地适应电子信息技术类相关工作。

实践性和创新性是电子信息技术类专业的主要特点。通过不断地学习课程和参加实践活动，绝大多数学生将具有独立思考的能力，在实践活动中可以发现问题和解决问题，并可以进行一些产品的设计和开发。

在人们的生产和生活中都存在电子技术问题，这就需要学生发现问题并解决问题，小到一个电子玩具、一个电动自行车测速电路，大到一个网上视频监控系统、一个汽车轮胎测温测压报警系统，这些都可以由

一个人或者多人合作进行研发攻关。电子产品具有体积有限、占用空间小、产品研发初期缺少资金等特点。因此，每个产品设计者和爱好者都要充分发挥主观能动性，积极参与研制开发，从而制造出符合大众需求的创新型产品。

第 3 章　电子信息技术在移动通信领域的实践与应用

3.1　移动通信的发展

3.1.1　通信

1. 通信

（1）通信的概念。通信使用的传递方式在不同环境下有不同的解释。在信息实现通过电波传递后，对通信的解释仅为信息的传递，即在某一地方向另一地方传输和交换信息，其主要目的是传输信息。随着社会的发展，人们对传递信息的要求越来越高，单纯的传递信息已不能满足人们的需求，这就推动了通信的发展。随着科技的发展，人们开始使用"电"来传送消息，在这个时期通信被称为电信，这种通信方式具有快速、准确的优点，因为其不受时间、地点、距离、空间的限制，所以逐渐被广泛应用。电信发展到现在，仍然是世界各国沟通交流的重要工具。

在古代，人们利用各种天然条件来进行消息传递，如烽火、鸽子、驿站、符号等。随着科技的不断发展和进步，人们开始使用手机、互联网、固定电话、无线电、视频电话等通信方式。通信技术的快速发展，拉近了人与人、国与国之间的时空距离，使得人们的沟通交流更加方便快捷，地球已经变成一个"地球村"；同时现代通信促进了工业发展，使生产力和生产效率大大提高。人们可以通过现代通信在全球范围内配置资源，极大地促进了人类社会的发展，使人类社会产生了巨大变革。

2. 通信的分类

通信有很多种分类方法，可以按照以下标准进行分类。

（1）按传输媒质分类。按照传输媒质，通信可分为有线通信和无线通信。有线通信传输采用的媒质有电缆、光缆、导线、纳米材料等，其媒质为看得见摸得着的物品。无线通信采用的媒质是看不见摸不着的，如电磁波。无线通信有移动通信、卫星通信、微波通信等。

（2）按传输的信号分类。按照传输信号，通信可分为模拟信号和数字信号。模拟信号也可称作连续信号，主要是指信号的参量可以取无限多个数值，且直接与消息相对应；数字信号也可称作离散信号，指信号的参量只能取有限个数值，并且常常不直接与信息对应。

（3）按工作频段分类。按照工作频段、通信可分为微波通信、中波通信、长波通信、短波通信。

（4）按调制方法分类。按照这种分类标准，通信可分为基带传输和频带传输两种。

3.1.2　移动通信

1.移动通信的概念

移动通信是指移动体之间的通信，或者移动体和固定体之间的通信。在移动通信场景下，参与通信的双方都处在运动状态，或者其中一方为固定状态。移动体泛指人和可移动的物体，如汽车、轮船、飞机等。移动通信使用的频段有特高频、甚高频、高频、中频、低频。

移动通信系统由三部分组成：基台、移动台、移动交换局。如果想要与某个移动台通信，移动交换局则会通过基台向全网发出呼叫，被呼叫台收到呼叫后发出应答信号，移动交换局收到应答信号后会分配一个信道给该移动台，并从此信道中传送一信令使其振铃。

2.移动通信的特点

（1）移动性。移动性是指在通信时人或物体处在移动状态，其移动性决定了其要采用无线通信，或者采用有线通信和无线通信相结合的方式。

（2）电波传播条件复杂。人或物体在通信中可能会处在各种移动环境下，如速度较快的飞机、高铁，所以电磁波在传输过程中会发生折射、反射等现象，以及会产生信号传播延迟和展宽等效应。

（3）易受到各种干扰。这些干扰有环境干扰和移动用户之间的干扰。环境干扰有工业生产噪声、交通噪声等。用户之间的干扰有互调干扰、同频干扰等。

（4）系统和网络结构复杂。移动通信是服务多用户的系统和网络，为了能完成多用户通信，要使各用户之间的通信互不干扰。此外移动通信还要与市话网、卫星通信网等互联，所以移动通信系统和网络结构是复杂的。

3. 移动通信的分类

移动通信可分为集群移动通信、蜂窝移动通信、卫星移动通信、无绳电话移动通信、模拟和数字移动通信，如图 3-1 所示。

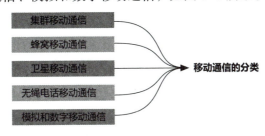

图 3-1　移动通信的分类

（1）集群移动通信。集群移动通信也被称为大区制移动通信。该移动通信只有一个基站，其天线高度可达几十米甚至上百米，覆盖半径在 30 km 左右，其发射机功率可达 200 W，可服务几十甚至上百人，该通信设备可以是车载，也可以是手持台。用户可以通过基站与其他移动台或市话用户通信，也可以和基站通信。

（2）蜂窝移动通信。蜂窝移动通信也被称为小区制移动通信。该通信方式是把大范围服务区分割成小范围服务区，即分割成多个小区，在每个服务小区设置基站，基站负责小区移动台的联络和控制，各基站之间通过移动交换中心联系，也可与市话局连接。其服务的每个小区的人数可达 1 000 人以上，全部覆盖区可服务 100 万用户。

（3）卫星移动通信。卫星移动通信顾名思义可以通过卫星转发信号实现移动通信。

（4）无绳电话移动通信。无绳电话机是全双工无线电台与有线市话系统、逻辑控制电路的有机组合。它可以在有效的场强空间内通过无线电波媒介，实现副机和座机之间的"无绳"联系。

（5）模拟和数字移动通信。模拟移动通信采用模拟识别信号实现移动通信。为了提高服务质量和增加服务功能，目前使用的基本都是数字识别信号，即数字移动通信。

3.1.3 移动通信发展历程

1. 大区制移动通信

移动通信发展是从 20 世纪 80 年代开始的。美国普渡大学的学生在 1928 年发明了超外差式无线电接收机，随后该系统被底特律警局使用，该系统是世界上首个可有效工作的移动通信系统。

世界上首部调幅制双向移动通信系统于 20 世纪 30 年代在美国新泽西警察局开始使用。20 世纪 30 年代末，世界第一部调频制移动通信系统诞生，经过试验和使用证明调频制系统比调幅制移动通信系统更加有效。

第二次世界大战爆发后，军事需求促进了相关科学技术的发展，同时也推动了移动通信的发展。1946 年，世界上第一个公用汽车电话网在美国圣路易斯诞生，该系统由贝尔公司建设，该系统使用 3 个间隔为 120 kHz 的频道，并使用单工方式通信。

20 世纪 50 年代，美国和欧洲部分国家成功研制了公用移动电话系统，该系统的研制使移动电话系统的移动交换中心和公用电话交换网在技术上实现了互通，并得到广泛应用。

大区制移动通信要想满足用户的需求，其基站天线要有一定的高度，发射功率要大，要使位于小区边缘的移动终端能够接收到规定强度的信号。但是，大区制系统中的基站都是各自独立工作的，因此，用户从一个基站移动范围移动到另一个基站范围后信号将中断，需要用户重新拨号才能继续使用，其使用起来很不方便。

此外，大区制移动通信的基站覆盖半径为 30 km 左右，仅支持几十至几百人使用，不能满足大量用户的使用需求，所以大区制移动通信已不能满足当下人们的需求，已经很少被使用。

2. 小区制（蜂窝）移动通信

上述讲到大区制移动通信的缺点，为了解决大区制移动通信的问题，科学家们不断探索研发新的移动通信系统。20 世纪 70 年代中期，随着电子信息技术的不断发展，小区制（蜂窝）移动通信系统诞生，如图 3-2 所示。

图 3-2　蜂窝移动通信系统示意图

20 世纪 70 年代美国贝尔实验室首次提出了蜂窝网络概念，并于 1978 年研制出了先进移动电话系统（AMPS），其最大的优点是大大提高了系统容量。1983 年，AMPS 蜂窝移动通信系统投入商用。

1987 年 11 月 18 日，我国首个 TACS 模拟蜂窝移动通信系统在广州建成并投入商用，标志着我国抓紧步入移动通信时代。

蜂窝移动通信是把一个大区分割成若干个蜂窝状的小区，在每个小区设置基站，该基站负责小区范围内所有移动台的联络和控制，各基站之间通过移动交换中心联系，也可与市话局连接。蜂窝移动通信利用超短波传播距离有限的特点，使用不同频率可以有效避免同频干扰，离开小区一定距离又可以重复使用频率，频率资源得到了充分的利用。

3.1G 到 4G 的发展

（1）1G：第一代移动通信技术。该技术通信系统利用模拟信号传递数据，目前该技术已被淘汰。

1G 移动通信系统的主要功能是进行语音通话，该系统在商用上取得了巨大成功。但是，在使用过程中，其缺点逐渐显露出来：该系统容量小，频谱利用率低；系统之间没有公共接口，导致相互不兼容；不能漫游，使得用户覆盖面较小；其提供的业务种类受到很大限制，不能传输数据信息，通信安全性差，不能与 ISDN 兼容等。因此，该移动通信系统被淘汰。

（2）2G：第二代移动通信技术。该技术通信系统代替 1G 移动通信系统后，完成了模拟技术向数字技术的转变。

数字移动通信网 GSM 于 1991 年在欧洲问世。2G 移动通信系统采用 TDMA 的空口接入方式，相比 1G 其具有频谱利用率高、容量大的优点，可以支持自由漫游和自动切换。该通信系统业务种类多，保密性和抗干扰性较 1G 有很大提高。此外，其终端设备小巧、成本低，所以，其受到世界各国的欢迎。在 2G 的推动下，移动通信发展进入一个新时期。

浙江嘉兴在 1993 年 9 月 18 日开通了中国第一个数字移动通信网，广东在 1994 年 10 月开通了第一个省级数字移动通信网。总体来说，2G 系统是数字通信系统的开始，可以为用户提供传送语音、数据和短消息等服务。

20 世纪末，移动通信和 Internet 技术的快速发展对人们的生活、工作产生很大影响，同时两者的结合促进了信息产业的快速发展。由于制式、技术等原因，2G 系统在全球漫游、频谱利用率和数据业务方面存在很多不足。随着经济全球化和信息化发展的进程不断加快，移动用户数量呈现井喷式增长，使得 2G 系统在系统容量和业务种类上逐渐饱和。为了适应移动通信个人化、多媒体化的发展趋势，世界各组织和企业展开了对 3G 的研究。

（3）3G：第三代移动通信技术。3G 也可称为 IMT-2000。3G 是支持高速数据传输的蜂窝移动通信技术。其和 2G 技术相比最大的进步是语音传输和数据传输的速度有了很大的提升，它可以在全球范围内实现无缝漫游，可以处理图像、音频、视频等多种媒体形式，可以提供网页浏览、电话会议、电子商务等多种服务。

第三代移动通信的要求有以下几个方面，如图 3-3 所示。

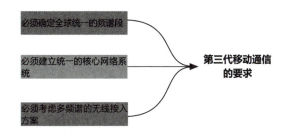

图 3-3　第三代移动通信的要求

第一，必须确定全球统一的频谱段；第二，必须建立统一的核心网络系统；第三，必须考虑多频谱的无线接入方案。

第三代移动通信有以下几种技术，如图 3-4 所示，其中包括 TD-SCDMA 技术、智能天线技术、WAP 技术、无线 IP 技术、软件无线电技术、MC-CDMA 技术和多用户检测技术。

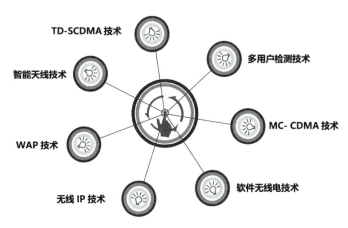

图 3-4　第三代移动通信技术

（4）4G：第四代移动通信技术。4G 为宽带接入和分布式网络，其具有超过 2 Mbit/s 的数据传输能力，可以为移动用户提供 150 Mbit/s 的高质量影像服务，高质量传输三维图像；整合不同模式的无线通信，移动用户可以自由地从一个标准漫游到另一个标准；宽带无线局域网与 B-ISDN 和 ATM 兼容，可以实现宽带多媒体通信；具有定时定位、数据采集和远程控制功能。第四代移动通信模型如图 3-5 所示。

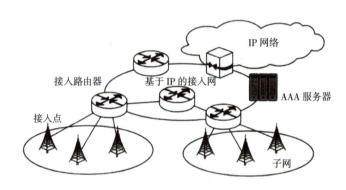

图 3-5 第四代移动通信模型

第四代移动通信的特点有以下几个方面：

①通信速度快，网络频谱宽，通信灵活。

②智能性高，兼容性好，增值服务种类丰富。

③频谱利用率高，费用便宜。

第四代移动通信中的关键技术如图 3-6 所示。

图 3-6 第四代移动通信中的关键技术

3.2　5G 的相关知识

3.2.1　5G 的含义和三大应用场景

5G 技术属于电子信息技术，是目前电子信息技术的前沿技术之一。5G 是指第五代移动通信技术，是最新一代蜂窝移动通信技术，同时也是新一代信息基础设施的重要组成部分。2019 年 10 月 31 日，中国移动、中国电信和中国联通三大运营商公布了 5G 商用套餐，并于 11 月 1 日正式上线 5G 商用套餐，这一举动标志着中国正式进入 5G 时代。

5G 相比 4G 具有超高速率、超低延时、超大连接的技术特点。5G 不仅提高了终端用户的网络体验感和数据传输速度，同时也满足了万物互联的应用需求，为万物提供了在线连接的功能。

5G 有三大应用场景（图 3-7），其中包括 eMBB（增强移动宽带）、mMTC（海量机器类通信）和 uRLLC（超高可靠低时延通信）。

图 3-7　5G 技术的三大应用场景

1.eMBB 场景

eMBB 应用场景主要是以服务人为中心，提升人们的娱乐、社交等个人消费业务的通信体验。在这个场景中，主要服务人与人、人与媒体的通信场景，其最主要的核心任务是提升速率。5G 对速率的要求是一个

5G 基站要至少能够支持 20 Gbit /s 的下行速率以及 10 Gbit /s 的上行速率，这个速率较 LTE–A 的速率提升了 20 倍，人们可以流畅地观看 4 K 和 8 K 分辨率的超高清视频，同时也适于 VR/AR 等大流量应用，这个速率符合"无限流量、G 级速率"的特征。

2.mMTC 场景

在 mMTC 场景中，主要是建立人与物、物与物的互联。在这种场景下要求 5G 技术具有大规模设备的连接能力、处理能力和低功耗能力，如连接能力要达到 1 000 000 连接 / 扇区，在供电方面要求电池有 5 年以上的续航能力。这些要求符合 mMTC 场景"海量设备、绿色耗能"的特征。

未来，物联网和移动互联网的发展将成为移动通信发展的主要推动力。在当下和未来，5G 技术将满足人们在生活、休闲娱乐、交通、工作等各方面的业务需求。在人口密集区域，如密集住宅区、体育馆、办公楼、地铁、高速公路、高铁等区域，5G 技术需要满足超高流量的需求，在这些人口密集区域为用户提供超高清视频、虚拟现实、云桌面、在线游戏等服务。此外，5G 将被应用到物联网和其他行业，如工业生产、医疗、交通等，并与这些行业深度融合，满足工业设施、医疗器械、交通工具等多样化业务需求，实现"万物互联"的愿景。5G 的核心能力是其他几代移动通信所不及的，网络速率、端到端时延、峰值信元速率和移动性是 5G 的关键性指标。

3.uRLLC 场景

uRLLC 场景主要运用于工业领域，在工业中用于工业生产和工业控制，其核心要求是较低的时延和较高的可靠性。在 4G 网络中端到端的时延在 50 ~ 100 ms，而 5G 在 uRLLC 场景应用中时延必须低于 1 ms，比 4G 网络要低很多，只有这样才能在无人驾驶和智能生产中应用。此外这些业务对差错的概率要求接近于 0，还需要通信网络 24 h 服务，其服务基本不能中断，这些业务要求 5G 技术在 uRLLC 场景具备"时延小、高度可靠"的特征。

3.2.2　5G 的技术需求

5G 技术需要满足 7 个维度指标要求，其中包括峰值信元速率、时延、连接数、比特成本效率等。

1. 峰值信元速率

峰值信元速率是一个源业务量参数，描述了连接的业务源发送信息的最大信元速率。峰值信元速率定义在等效终端参考模型的物理服务访问点上。5G 的峰值信元速率比 4G 提升了 20 ～ 50 倍，即峰值信元速率要达到 20 ～ 50 Gbit/s。

2. 时延

时延是指一个报文或分组从一个网络的一端传送到另一端需要的时间。时延包括发送时延、处理时延、传播时延和排队时延，四个时延相加就是总时延。以人的声音传播为例，人的声音时延就是人从说话的那一刻到对方听到声音所需要的时间。对于 5G 的时延要求是，其时延要减少到 4G 的 1/10，即端到端时延要降低到 5 ms，空口时延要降低到 1 ms。

3. 连接数

对于同时支持连接数，在 4G 的基础上，5G 的同时连接数需要提升 10 倍以上，其同时支持连接数要达到 120 亿个。

4. 比特成本效率

5G 系统与 4G 相比，其比特成本效率需要提升 50 倍以上，使每比特成本大幅降低。

5G 的技术需求如图 3-8 所示。

3.2.3　5G 的业务需求

5G 的发展使移动通信业务发生了很大变革，如传统的通话和短信业务逐渐被移动互联网取代；同时促进了云计算的产生和发展，使业务的核心放在云端，终端和网络之间只需要传输控制信息。

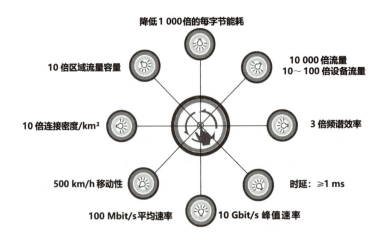

图 3-8　5G 技术需求

1. 云业务的需求

目前，云计算成为一种基础的信息构架。在云计算的基础上产生了很多业务，如桌面云、云下载、游戏云、云备份、云加速等。这些业务的推出受到了客户的欢迎，并拥有了上亿用户。云计算将是移动互联网的基础，满足云计算的需求是 5G 发展的重要问题。

云计算有别于传统的业务模式，其计算的业务都在云端，终端和云端之间使用大量的信令交互，信令的时延、大量的信令数据等对 5G 提出了更高的要求。云业务需要 5G 的时延小于 5 ms，数据速率要大于 1 Gbit/s。

2. 高清视频的需求

高清视频就是现在的 HDTV。HDTV 要求视频分辨率至少要达到 720 p 或 1 080 p，屏幕为 16：9 的比例，音频输出为杜比 5.1 声道；同时要能接收较低格式的信号，并能够对其进行数字化处理重放。

现在，人们对高清视频的需求越来越高，高清视频将成为 5G 网络的标配业务；此外，还要保证终端用户随时可以观看高清视频，这就需要超高速的、端到端的通信速率。

3. 虚拟现实的需求

虚拟现实技术也可称为 VR 技术、灵境技术或人工环境技术。虚拟现实技术顾名思义是利用电脑制作一个三维空间的虚拟世界，给用户提供视觉、听觉，触觉等感官模拟，使用户在这个虚拟世界里身临其境。用户移动时电脑要进行大量的计算，将精准和真实的影像传送给用户。在这个虚拟的场景里用户感受到的一切都是虚拟的。虚拟现实技术把人的意识带入一个虚拟世界。在这个虚拟的世界里，人们可以进行真实世界的很多活动，如交友、旅游、聚会等活动。

近年来很多科技巨头公司纷纷布局虚拟现实领域，比如 Facebook 子公司 Oculus 推出的 Oculus Rifi 头盔、微软推出的 Hololens 眼镜。此外，全球范围内还出现了一大批相关的科技企业。

虚拟现实技术对分辨率要求很高，要求达到人眼的分辨率。此外它对网速、时延和移动小区吞吐率的要求也很高，网络速率要达到 300 Mbit/s，端到端的时延要小于 5 ms，移动小区吞吐率要大于10 Gbit/s。

4. 物联网的需求

物联网顾名思义就是物物相连的互联网，它是新一代信息技术的重要组成部分，同时也是信息化时代的重要发展阶段。

物联网有两层含义：第一，互联网仍然是其核心和基础，它是在互联网基础上诞生的新的网络；第二，物物相息，物物交互，其用户端延伸和扩展到了任何物品和物品之间，可以进行信息交换和通信。

3.2.4　世界 5G 实力格局

在世界范围内，很多国家在 5G 技术、产业和应用领域处于领先地位，其中包括美国、部分欧洲国家、中国、日本和韩国等。

1. 中国 5G 硕果累累

5G 的核心竞争力主要集中在设备厂商的专利数量。2019 年 12 月，欧洲电信标准技术组织（ETSI）公布了世界各国 5G 专利数量（表 3–1）。

表 3-1 ETSI于2019年12月公布的世界各国5G专利数量

排名	公司	国家	数量	占比
1	三星	韩国	2 949	0.121 218
2	中兴	中国	2 761	0.113 491
3	华为	中国	2 703	0.111 107
4	LG	韩国	2 609	0.107 243
5	爱立信	瑞典	2 218	0.091 171
6	诺基亚	芬兰	2 214	0.091 006
7	高通	美国	1 914	0.078 675
8	Intel	美国	1 658	0.068 152
9	CATT	中国	1 256	0.051 628
10	OPPO	中国	919	0.037 775
11	夏普	日本	771	0.031 692
12	NTT	日本	623	0.025 608
13	其他	其他	1 733	0.071 235

从表 3-1 可以看出，三星的 5G 专利数量最多、占比最高，中国的中兴和华为位居第二和第三，中国的另外两家公司 CATT 和 OPPO 位居第九和第十。中国的单位和企业总专利数量为 7 639 个，占世界总专利数量的 31.4%，由此可见，中国的企业和单位在 5G 技术方面具有很强的研发实力。因此，中国 5G 技术处于世界前列，同时也说明中国是世

界 5G 的核心领导者。

2. 欧美 5G 芯片实力雄厚，中国全力奋进

通信是由计算、传输、存储组成的系统。5G 需要很多芯片，其中包括计算芯片、感应器芯片、存储芯片、手机芯片、基带芯片等。在芯片领域，欧美国家处于领先地位，如 Intel 公司主要研发和生产计算机 CPU，美国高通主要研发和生产通信设备 / 终端基带芯片及 CPU，韩国三星公司主要研发和生产闪存与 CPU，荷兰恩智浦公司主要研发和生产物联网芯片。

在这些领域，我国不断加大研发投入力度，取得了较大进步。例如，我国设计和生产专用芯片的公司有华为海思、中星微电子、中芯国际、大唐电子等。其中华为海思在手机芯片领域表现出色，已具备独立设计能力，其设计和生产的芯片已进入世界前十。

在 5G 芯片领域，美国具有很大的优势，目前处于主导地位。欧洲国家在芯片领域总体出现衰落景象。中国正在全力奋进寻求突破，相信在不远的未来，中国在 5G 芯片领域将有很大的发展和收获。

3. 华为、中兴实力雄厚

中国的华为和中兴在 3G 时代崭露头角，在 4G 时代其实力已和欧美国家旗鼓相当，在世界范围占据了较大的份额。在 5G 时代，华为和中兴实现了弯道超车，在世界 5G 格局中具有较大的发展潜力和发展空间。

4. 中国手机研发和生产在世界有很大影响力

移动终端是 5G 市场的重要组成部分，手机是使用量较大的移动终端，在移动终端中占据主导地位。

在手机研发和生产方面，美国和韩国具有较强的实力，其他各国影响力相对较小。其中，中国具有世界影响力的手机制造商有华为、小米、vivo 和 OPPO，在 2021 年世界手机销量排行榜中，我国的这几家企业均位居世界前十，其中苹果销量最高，其次是韩国的三星。

在 5G 市场，华为不仅有系统设备，也有手机终端，两者的融合形成了较强的市场竞争力，因此华为具有明显优势。在这方面，三星实力

稍弱，苹果最弱。总体来说，中国手机的产量和销量在世界范围内具有很大的影响力，这样的实力其他国家在短时间内无法超越。在5G时代，中国会继续保持和扩大领先优势。

5.中国在5G业务应用开发领域处于世界领先位置

中国在移动互联网领域具有强大实力，居于世界领先地位。中国在移动电子商务、移动支付、网约车、外卖等业务方面具有很大的市场空间，同时也具有强大的运营能力。

此外，5G为智能互联网的发展提供了坚实的基础，同时需要整合移动互联、智能感应、大数据和智能学习，这就需要智能硬件的研发和生产。中国在智能硬件产品开发和生产方面具有较强的实力，在这些方面中国很快步入世界领先行列。

全面部署5G网络会引起中国智能互联网产品的全面爆发，从而领先世界，在这些方面中国具有很广阔的发展前景。

6.中国电信运营商具有很强的网络部署能力

电信运营商的网络部署能力影响着5G的发展。中国的三大运营商是世界范围内实力较强的运营商。其中，中国移动拥有9.2亿用户，其用户数量位居世界第一，中国电信和中国联通的用户数量也位居世界前列。

截至2022年9月，中国5G基站数量达到222万个，占全球5G基站60%以上，比2021年增长79.5万个，5G基站占移动基站总数量的20.7%，5G移动电话用户达5.1亿户，占移动电话总数的30.3%。

7.中国政府大力支持5G发展

5G是一个庞大的系统工程，工程主要由电信运营商进行建设，但是仅依靠运营商的建设是远远不够的，还需要政府在政策、资源和资金方面提供支持。从3G开始，中国政府就不断支持移动通信的发展，其支持力度是其他国家所不能及的。

中国政府在5G建设方面一直持不断支持的态度，积极支持5G的建设工作，地方政府和中华人民共和国工业和信息化部也不断推出5G建设方案，国家的支持推动了 5G 网络的商用进程。中国电信在 2022 年 1 月 25 日举行了 5G 消息商用发布会，正式宣布 5G 消息进入商用阶段。

综上所述，5G 是一个庞大复杂的体系，它的发展需要多方面技术和支持才能形成综合实力。在这个体系中，中国除了芯片领域，在其他领域均处于世界领先地位，而中国政府也在不断支持芯片事业的发展，相信在不久的将来我国芯片事业定能厚积薄发。

3.3　5G 的关键技术

众所周知，5G 技术可以运用到无人驾驶、物联网、VR/AR 等领域，并在这些领域发挥重要作用。这些作用的基础是 5G 较 4G 性能大幅提升，正是因为 5G 技术具有高数据传输速率、高可靠超低时延和超大连接的特点，才使得 5G 可以在很多新兴科技和领域中应用。5G 技术的先进性主要依靠的是关键技术（图 3-9），这些技术包括毫米波、小基站、大规模天线阵列（Massive MIMO）、全双工、波束成形及边缘计算，它们是 5G 技术的支撑。

图 3-9　5G 的关键技术

3.3.1　毫米波

在容量方面，5G 容量提升到了 4G 的 1 000 倍，单一 5G 终端的峰值速率可以达到 10 ～ 20 Gbps。好比汽车行驶在道路上，车多了自然会发生拥堵，通信也是一样，当联网设备数量达到饱和或超饱和，而且还要保证每个设备都能正常通信时，频谱资源就会出现紧张或短缺。如果只能在一个狭窄的频谱上共享有限的带宽，就会影响终端用户的使用。

网络容量可以通过以下公式计算出来：

$$容量＝频谱带宽 \times 频谱效率 \times 小区数量$$

由计算公式可以看出，要增加容量有三个方法：第一，增加带宽；第二，提高频谱效率；第三，增加小区数量。

每个国家的频谱规划决定了是否增加带宽。比如在 4G 开始建设的时候，国外很多国家频谱的使用权是通过拍卖获得的，其价格往往很昂贵，这对于移动网络运营商来说成本很高。进入 5G 时代，各国把注意力集中在了毫米波波段（26.5 ～ 300.0 GHz），相对低频段来说，这一波段尚有很多空白，如果加以研究有很大的使用空间，也可以在世界范围内统一使用。毫米波的单一传输通道可以达到 GHz 级别，比如 28 GHz 频段，其可用频谱带宽为 1 GHz；而 60 GHz 频段每个信道的可用信号带宽则为 2 GHz。所以，把频点设置在毫米波，再增加带宽，则可以增加容量。该方法较为直接，并且成本也相对较低。提高频谱效率就是提高频谱的利用率，运营商可以通过先进的复用技术来实现。增加小区数量就是要建设更多的基站，如果所需基站数量较多，那么这对于运营商来说是很大的成本。

3.3.2　小基站

传统的毫米波无线通信系统一般应用于卫星和雷达系统。5G 技术使个人移动通信也可以使用毫米波，这对个人移动通信来说是一个突破。目前，多家设备制造商已成功研制了 5G 毫米波试验系统，基站、手机 5G 芯片也都支持毫米波频段。毫米波具有穿透力弱、在自由空间衰减大的特点。毫米波在建筑密度大的城市环境中或地物复杂的环境下传输效果不是很理想，这一问题可以通过两个方法来解决：一是缩小每个基站的覆盖范围，二是增加基站的分布密度。

目前，华为已经提出了极简网络的概念，并且研发了小基站。该基站可以使用市电，可以装在路灯柱子上，部署起来要容易很多。小基站可以让 5G 覆盖到 1 km 内的每一个角落。另外，小基站之间既可以相互接收信号，也可以给任意位置的终端传输数据。在功耗方面，小基站的规模比大基站小了很多，其功耗也会大大降低。

3.3.3　大规模天线阵列（Massive MIMO）

5G 在无线传输方面和 4G 有很大不同，简言之，5G 在真正意义上利用了无线信道在空间的"稀疏性"，这就是 Massive MIMO，即大规模天线阵列支持下的多入多出空口传输技术。

小基站解决了 5G 的覆盖问题，但是在保证高速率方面，仍然需要较大的有效接收功率。因此，可以通过多天线发射和接收增加"分集"的增益。另外，5G 如果采用毫米波波段进行信号传输，相对于 4G 的 6 GHz 以下频段而言，其发射和接收的电波具有更短的波长，每根天线的尺寸也会缩小很多。即使有很多的天线，比如达到 64 根天线或 128 根天线的规模，这样的阵列尺寸也只有笔记本电脑尺寸大小，所以装在 5G 基站上很容易。小基站与 Massive MIMO 的结合，可以保证满足容量、速率的多重要求，比 4G 最有更明显的优势。

3.3.4　全双工

在 5G 早期，人们提出了全双工技术，该技术在业内被称为可以大幅扩大容量的关键技术。全双工技术是指设备的发射机和接收机占用相同频率资源，在相同时间进行工作，使得通信两端的上、下行可以在相同时间使用相同的频率，突破现有的频分双工（Frequency Division Duplexing，FDD）和时分双工（Time Division Duplexing，TDD）模式的缺陷。全双工技术是通信节点实现双向通信的关键技术之一，也是 5G 高吞吐量和低时延的关键所在。实现这一设想，还需克服电路板件设计、物理层 /MAC 层优化、全双工和半双工之间动态切换的控制面优化、对现有帧结构和控制信令的优化问题，以及对上下行链路之间的干扰进行模拟或者数字隔离。

虽然 5G 在第一阶段并没有实际采用全双工技术，但是在整个行业，包括产业界和学术界的共同推动下，同频同时全双工技术会越来越成熟，很有可能在未来 5G 版本中得到应用。

3.3.5 波束成形

5G 有很大的容量，这就意味着一个小区内会有很多用户。基站在服务一个用户时会对其他用户产生干扰，波束成形可以解决这个问题。波束成形用模拟或数字的技术来控制天线阵列中的一部分天线或者所有天线发出的电磁波信号，让天线发出的每个电磁波信号在空间的某一个方向上正向叠加，信号幅值得到增强，而在其他方向上相互抵消，从而形成一个定向的波束而非全向发射，可以将有限的能量在特定方向上集中传输，使得这一方向上的传输距离变得更远，同时也避免了信号对其他用户、其他方向或者区域的干扰。

此外，波束成形技术还可以提高频谱利用率，能够同时从多根天线或者多个天线组合发送更多的信息，即形成多个波束，每个波束传输不同的数据流，同时服务不同的用户。

3.3.6 边缘计算

5G 对于时延的要求是端到端控制在毫秒级。毫秒级意味着什么呢？举例来说，在不考虑重传的情况下，LET 网络内部时延小于 20 ms，而要 ping 外部服务器，时延会在 50 ms 以上。光纤的传播速度是 200 km/ms，而 5G 在应对时延敏感用例时要求接入网时延不超过 0.5 ms，即 5G 数据中心与 5G 基站间的物理距离不能超过 50 km。为此，可以考虑在接入网引入移动边缘计算、边缘数据中心，就是将以前核心网和应用网的一些功能下沉到接入网。这与传统移动通信网络一直秉承的中心化概念无疑是背道而驰的。

除了以上这些关键技术外，5G 还有大量先进的系统架构，如为了满足不同的应用场景，5G 的设计要非常灵活。5G 可以识别数据的传输类型，将一些低频率设备转换成低功耗模式；在用户观看高分辨率视频时，网络将自动切换成大功率模式。5G 可以根据不同的服务对象改变和用户之间的交互流程，实现三大应用场景之间的灵活切换。

3.4　电子信息技术之 5G 的应用

随着电子信息技术的快速发展，5G 和前几代移动通信技术相比有了质的飞跃，其网络服务能力大大提高。例如，5G 的下行峰值速率可以达到 20 Gb/s，上行峰值速率会超过 10 Gb/s。另外，5G 的时延大大降低，提高了整体网络效率，其可以提供端到端延迟小于 5 ms 的网络服务。5G 的传输速度已经超越了光纤传输速度，它将开启新的时代。此外，5G 为用户和运营商提供了新的商业模式，同时为这些商业模式提供了技术支撑。

3.4.1　5G 视频

5G 因其具有超高速率的特点，所以支持超高清视频。所谓超高清视频是清晰度更高的视频，其视觉体验更好。其中全高清视频每帧有 200 万像素，4K 视频每帧为 800 万像素，8K 视频每帧为 3 200 万像素。5G 技术的应用可以使视频领域实现质的飞跃，如人们日常生活和工作中的视频通话、视频会议、超高清视频直播、安防监控等。

1.5G 可以为用户提供超高清游戏

随着电子信息技术和 5G 的发展与应用，移动视频已经从标清视频发展到高清和超高清视频。目前，已经诞生了很多高清和超高清游戏，随着游戏产业的不断发展，高清和超高清游戏将逐渐普及。

2.5G 支持超高清直播

5G 的超高速率可以支持大型体育赛事、大型演出等直播，可以让用户有更好的视频观看体验。

3.5G 支持超高清医疗

5G 的超高清视频传输可以应用到医疗行业，处于异地的医疗专家可以通过高清或超高清视频远程为患者诊治疾病，同时可以实现手术过程网络教学和提供远程会诊等服务。

3.4.2　5G+ 云 VR/AR

2019 年 5G 大幕开启，5G 云 VR 成为人们关注的焦点。随后几年，世界各国厂商开发出了 VR 眼镜，也不断在 VR/AR 领域开疆扩土。5G 具有高数据传输速率、高可靠超低时延和超大连接的特点，因此，5G 是 VR/AR 发展的关键因素。受到 4G 传输速率的影响，VR/AR 仅能实现部分功能，观看视频不能像 5G 那样流畅。因此，在 5G 技术的加持下，VR/AR 将为用户提供新的感官体验。

VR/AR 是 5G 时代最值得人们期待的应用场景之一，它将给传统产业带来新的活力，让人们的生活产生前所未有的变革。5G 将助力云 VR 规模化发展。视频业务是 VR 率先落地的应用场景，其中包括云 VR 巨幕影院、云 VR 直播、云 VR 游戏和云 VR 教育。其中，云 VR 巨幕影院是 IPTV 视频业务的延伸，IPTV 有大量的用户基础和海量视频资源，相对比较容易开展业务。

此外，云 VR 直播主要应用于实时体育赛事和大型演出等领域，可以给用户带来沉浸式的临场感，让用户随时随地都可以观看到视频直播。目前云 VR 已经有了很多成功的应用，如美国 Next VR 公司获得 NBA 授权，可以进行 360°NBA 直播。

云 VR 教育可以应用于学校教育和企业培训。在教育过程中营造虚拟教学环境，可帮助学校提高教学效率和质量。目前 VR 教育市场规模快速增长，据相关机构预测，到 2025 年 VR 教育市场规模将超过 7 亿美元。

在云 VR 应用中，"VR+ 游戏"有望率先落地并成为云 VR 应用最多的领域。首先，游戏产业有着良好的用户群体受众，这是"VR+ 游戏"发展的基础；其次，"VR+ 游戏"不同于传统游戏，它可以给用户带来真实和强烈的感官刺激，可以大大提高用户的游戏体验。因此，"VR+游戏"是未来游戏产业的发展方向。

"VR+ 工业"生产技术可以应用于工业生产的产品设计、工艺优化、生产制造、远程协作、运行维护等过程中，促进工业生产智能化发展。

3.4.3　5G+ 无人机

无人机是指无人驾驶航空器。无人机可运用于各个行业，如建筑、能源、农业等，它可以成为政府、企业和消费者的重要工具。近些年，无人机发展迅速。5G 可以为无人机提供低空网络连接，具有连接无人机和遥控器、数据传输、定位、状态监控、安全网络等多个功能。2020 年，无人机的销量高达 1 600 万台。在未来，无人机产业将有更广阔的发展空间。

5G+ 无人机可应用于以下场景。

1.VR 直播

VR 直播结合无人机技术，可以进行 360° 视频拍摄。无人机可以完成视频的采集和拼接处理，连接 5G 网络可以将 4K 或 8K 视频发送到服务器，服务器再把视频发送给用户，用户使用 VR 眼镜可以观看视频直播。VR 直播可以广泛应用于各个领域，如大型体育赛事、大型演出节目等。

2. 物流

无人机可以运用到物流领域，应用到物流的各个环节，如运营中心、配送站、分发站。无人机的应用可以节省大量人力，避免交通拥堵带来的运输困难，同时不受地形路况的限制，还可以应对某些极端情况。

3. 农业应用

无人机可以应用到农药喷洒工作中。目前，很多地区开始使用无人机喷洒农药，其具有喷洒速度快、喷洒均匀的优点，已逐渐广泛应用于各地。此外无人机还可以对农田展开巡逻监视、鼠疫监控等工作。

4.电力、资源巡检

5G无人机可以巡查、检测输电线，尤其在一些地理条件差、工作人员到达困难或无法到达的地区，通过无人机的检测可以有效解决相关问题。例如，在风力发电涡轮机叶片的检查方面，工程师可以通过自动飞行无人机对叶片进行检查，无须工程师使用遥控无人机检查，一定程度上节省了人力，提高了工作效率。此外，无人机也可以巡查石油天然气管道，保护国家基础资源。

5.监控安防

5G无人机可以应用到公共安全领域。例如，在边防巡逻、环境保护、消防、治安巡逻等突发事件中，无人机可以代替人先到达现场，对现场展开侦查和观测，把现场的实时情况发送到地面设备，为相关指挥人员提供决策支持。

6.基站巡检

基站定期巡检是通信系统中重要的维护工作。基站维护工作受到各种条件的限制，如恶劣天气、环境、人员操作等，这些限制导致巡检效率降低或无法完成巡检工作。使用5G无人机巡检基站，在一定程度上不受环境等因素影响，可以降低人工劳动强度和避免巡检危险，不仅可以节约人工成本，还可以提高巡检效率。

7.5G无人机水务

无人机在水务方面的应用越来越多，其中包括水质检测、日常巡查、防汛抗洪、水土保持监测等。

无人机搭载多光谱相机可以对水体和地面物体进行光谱采集，通过分析可以了解水质状况，结合抽样水检测数据综合分析后可以掌握水域水质状况。无人机相比人工检测具有更好的便利性和更高的效率，其检测可以覆盖更大面积，从而大大降低人工成本，提高监测效率。

8.无人机应急通信和救援

无人机具有很强的灵活性。发生灾害后，无人机可搭载小型通信基站前往受灾地点，受灾被困人员可以通过手机和外部取得联系，同时无人机也可以定位受灾被困人员位置和确定身份信息。受灾被困人员也可拍摄现场视频，利用 5G 的强大传输能力把现场视频传输给救援人员，根据现场情况做出科学救援部署，便于救援人员展开救援。

9. 野外科学检测

野外科学观测点往往交通不发达，地理环境复杂，人员进入有很大困难，可以通过传感器、数据采集器、视频监控设备等设施，完成数据的采集、存储、传输。尤其在一些偏远广袤地区，如青藏高原、内蒙古大草原等地区，建设观测站成本较高，无人机的使用不仅可以大大降低观测成本，还可以实现大面积的观测及数据传输。

3.4.4　5G 在智慧交通中的应用

智慧交通是把各种先进的技术应用于交通运输环节的服务系统，其中用到了移动互联网技术、车联网技术、云计算技术、人工智能技术、自动控制技术等。智慧交通中的"智慧"将在整个交通领域得以实现。智慧交通的内容主要有交通管理、车联网、卫星导航、公共交通、智能汽车、智慧路灯、智能汽车、道路安全，如图 3-10 所示。如果没有 5G 技术的支持，智慧交通将无法实现。

图 3-10　智慧交通的主要内容

　　智慧交通的实现需要使用大量的摄像头和传感器用于信息的获取和分析,实现人、汽车、道路、设备的实时交互,这就需要有一个高传输效率和更高带宽的网络,5G 技术恰恰可以满足这些要求。

　　此外,在一些车流量大、路况复杂的路段,为了避免交通事故的发生,需要车辆在极短的时间内接收外界信息以执行避险操作。5G 技术具有低时延的优点,可以让车辆在极短的时间内感知周边环境信息,从而提高道路行驶安全性,降低交通事故的发生率。

　　5G 技术应用于公共交通领域,可以帮助运营机构合理、高效配置公交车资源,乘客可利用各种移动终端实时获取车辆信息;5G 技术应用于停车领域,可以解决停车难、停车贵的问题;此外,5G 技术还可以帮助交通管理部门以更低的成本,更加高效地对车辆进行管理;利用 5G 技术再结合道路承载力、天气情况、路况等信息,可以为交通管理部门提供合理的交通管理方案,提高道路的承载力和人们的出行质量。

　　此外,随着经济的发展,人们对交通的需求越来越多,交通系统变得越来越复杂,不同程度上出现了交通拥堵和环境污染的问题。交通拥堵的本质是人、车、道路和环境之间的矛盾。基于 5G 技术的智慧交通系统可以解决这一系列的矛盾,这也是现代交通管理的路径之一。智慧交通把人、车、道路、环境当作一个整体,结合使用电子信息技术提高交通效率、安全性和运输效率,交通变得通畅,可以减少能源消耗和环境污染。随着电子信息技术的不断发展和 5G 通信技术的应用,智慧交通呈现人、车、道路之间协同控制的态势,智能化交通工具开始投入使用。此外,物流运输领域也在朝着协同控制方向发展。

　　1. 无人驾驶汽车

　　无人驾驶汽车是当前汽车驾驶的最前沿技术,是电子信息技术发展的重要成果,也是检验新型电子信息技术的重要平台。无人驾驶汽车通过各种传感器感知路况,在无须人操作的情况下到达目的地。在 5G 没有诞生的时候,无人驾驶是无法完成的,因无人驾驶对信息传输的时延要求很高,需要在极短的时间内做出驾驶判断以确保行驶安全。5G 技术具有高数据传输速率、高可靠超低时延和超大连接的特点，可以满足无人驾驶的技术需求。5G 技术的赋能给无人驾驶汽车提供了可靠的技术支撑。

无人驾驶汽车使用各种传感器和 5G 通信实现自动感应操作，可以有效缩短反应时间，提高道路通行能力。另外，无人驾驶汽车可以根据获得的道路信息合理安排出行路线，避开交通拥堵路段，也可以很大程度上保障出行安全。相比于传统汽车，无人驾驶汽车可以提高平均车速，解放驾驶员的双手。此外，无人驾驶汽车可以改善困扰很多城市的交通拥堵问题。5G 技术在无人驾驶汽车上的应用是改变人类出行方式和生活的重大举措。

2. 智慧停车

停车难和乱停车是困扰很多城市的问题。把城市的停车系统和 5G 技术结合起来，借助 5G 技术的低时延和高可靠性的优点，可以很好地整合停车资源，实现集约化管理，提高停车位的利用率，避免停车位分布不均的问题，解决驾驶员停车难、找不到车位的问题。

3. 智慧高速

车路协同管理是 5G 在交通领域的一个重要应用。智慧高速是智慧交通中的新型产物，也是智慧交通的重要组成部分。高速公路采用 5G 技术、云计算等先进电子信息技术打造新的高速公路协同管理服务体系，打造更加安全可靠、畅通的高速公路。高速公路通行效率的提升提高了运输效率，减少了能源消耗，同时也减少了环境污染。目前，我国很多地区已经开始构建"智慧高速"。使用 5G 技术实现信息在高速公路使用者、管理者和服务系统之间的双向实时高效交互，不仅可以为高速公路管理者提供决策依据，而且可以为高速公路使用者提供各种交通信息，从而提高运输效率和降低事故率。

3.4.5　5G 赋能智慧医疗

近些年，医疗领域出现了"互联网 + 医疗""AI+ 大健康"和"5G+

智慧医疗"，表明医疗领域在不断融合人工智能、物联网、大数据等先进电子信息技术，促使医疗服务实现真正的智能化。

5G技术在医疗健康产业中的应用场景很多，场景不同，5G技术发挥的作用也不相同。5G技术在医疗行业的应用主要有三大类，即远程诊断类、远程操控类、远程会诊类，如图3-11所示。

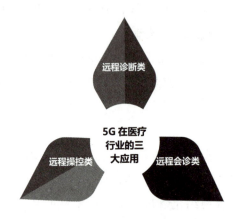

图3-11　5G在医疗行业的三大应用

医疗行业受益于5G技术的高数据传输速率、高可靠超低时延和超大连接的能力，为医疗行业智能化发展奠定坚实基础。5G可以实现超高清4K视频的传输，也可以实现放射影像、病理切片影像传输。医生可以通过高清视频连线进行远程会诊，也可足不出户对患者进行问诊，可有效提高医院的医疗服务能力，给患者带来新的医疗体验。此外，5G的高可靠超低时延可以实现医疗的远程操控，如远程手术、远程查房等。5G网络的覆盖可以实现上下级医生的互联互通，满足在应急救援医疗等情况下的医疗服务需求。

随着电子信息技术和5G技术的不断发展，以患者为中心的医疗数据网络形成，逐渐构建起智慧医疗系统，推动了医疗行业进入智慧医疗时代。随着移动互联网的发展，智慧医疗会呈现井喷式发展。

此外，国家不断支持智慧医疗体系的发展，在政策支持下将形成跨空间、跨部门的智慧医疗体系，推动医疗健康信息化发展。近几年，医疗数字化发展迅速，AI 技术不断成熟，智能化已经应用于疾病风险预测、医保控费、医疗影像、医院管理、辅助诊疗、虚拟助手、健康管理、医药研发、健康管理等过程中。如今全国各地的许多医院都引进了智能化技术。"5G+ 智慧医疗"为患者提供了更好的就诊体验、更方便的医疗服务，以及更公平、开放的医疗资源供给，还满足了患者对更高效、更低失误率医疗的需求，符合我国对医疗改革和发展的需求。

5G 在医疗健康领域的运用主要分为两个场景：一是院内医疗，二是远程医疗。院内医疗包括智慧医院管理、智慧导诊、移动医护、AI 在线诊疗等；远程医疗包括远程会诊、远程查房、远程超声、远程监护、远程手术、远程示教和远程内镜等。例如，可以利用 5G 高数据传输速率，传输生命体征数据、电子病历、影像诊断结果等诊断数据，从而实现远程诊疗。

"5G+ 智慧医疗"有以下几个发展趋势。

1. 诊疗将不受地域限制

随着智慧医疗的不断应用和发展，患者的诊疗服务会向线上发展，患者在线上将享受无边界的诊疗服务。例如，医生可以利用 5G 传输患者健康信息，可以远程操控医疗机器人进行远程手术。

2. 健康信息不受地域限制，可以跨区域、跨机构互联互通

患者无论在何地进行诊疗，医生都可以通过医疗系统看到患者的就诊记录和健康记录，让患者在任何地方都可以享受到一致的诊疗服务。

3. "5G+ 智慧医疗"将推动精准医疗的发展

随着 5G 技术、人工智能和云服务等先进技术的应用，精准医疗将进入完整化、智能化发展阶段，精准医疗技术在医疗健康领域的应用将更加广泛，其中包括语音识别、病理学、医学影像、健康管理、药物研发、医院管理、生物技术、急救室管理等领域。

3.4.6　5G 在制造业的实践与应用

智能制造是各种先进技术，如大数据、物联网、云计算、人工智能在各制造环节进行应用，从而实现制造业的智能化。例如，在汽车生产线上利用智能信息物理系统对汽车产品进行调配，让生产流程实现自动化。

在智能制造过程中，生产设备与云平台、设备与人、传感器与人工智能平台需要信息交互，这就对网络通信提出了更高的要求，只有使用先进的无线通信技术才能满足智能工厂的需求。5G 技术恰恰可以满足智能工厂的需求。5G 技术应用于智能工厂可以提高工厂生产的灵活性，优化工厂生产工艺，提高工厂的生产效率，以无线的方式管理工厂生产，降低工厂生产成本。

在智能生产过程中需要用到各种传感器。传感器感知到的信息需要 5G 这样低时延的网络传输技术，把信息传送到执行终端，这样才能保证操作者在第一时间做出准确反应。此外，一个智能工厂需要安装成百上千个传感器，这就对网络连接能力提出了更高的要求，5G 技术的应用可以满足这些要求，保证连接的可靠性。

1.5G 应用于制造可实现工厂柔性化——设备间的互联互通

在传统制造业中，人、机器、设备之间处于相互隔绝的状态，在信息化时代，这种状态将被打破，使得人、机器、设备之间的联系愈加紧密，它们构成了一个完整的制造系统，各自在系统中发挥着重要作用。

随着工业物联网的应用与普及，本来网络和实体系统相互独立的状态将被打破。5G 的应用使传感器和处理器之间可以实现信息接收与传递，生产中的各种设备可以进行高效的沟通，人与机器设备将共同发挥作用，推动制造系统的高效运行。

5G 技术应用于工业生产的各种场景中，将推动制造业智能化改革，促进制造企业建设智能化工厂。工厂利用 5G 网络，无须铺设线缆即可形成完整、可靠的网络系统，这就省去了铺设线缆的成本，也可提高工业机器人的灵活性，满足工业企业在各种生产场景中的应用需求。

在工业生产中，5G 技术可以为不同业务提供不同的服务。工业生产场景不同，对网络的要求也不相同。有些场景对网络时延要求较高，有些场景对网络的可靠性要求较高，有些场景对网络的数据分析能力要求较高。利用先进的 5G 网络，可以为不同场景提供不同的网络服务，根据工厂不同需求做出相应改变。

此外，5G 技术应用于工业可以构建完整的信息生态系统，使人与设备、设备与设备建立高效连接，打破信息传输的时空限制。

2.5G 应用于制造业可实现工厂一体化——生产精准管控

目前，很多工厂已经有全自动、无人、智能生产线。很多工业企业材料配送采用 AGV 小车，MES 系统成为智能生产线的大脑，对生产过程中任务下达、材料配送、生产加工执行、设备状态监控、产品配送等环节进行指挥。MES 系统在 5G 支持下实现了高度精准控制。

以前的工业企业采用 Wi-Fi 网络技术构建自动化生产线，利用 Wi-Fi 网络可以实现信息数据的高速传输，但是其存在延迟问题，不利于工业生产。利用 4G 技术，工业生产监控网络会出现卡顿和马赛克问题，此外还会受到一些无线电信号的干扰，因此，4G 技术很难实现智慧和智能工厂。目前，很多工厂设备都安装了各种传感器、RFID、可编程逻辑控制器（PLC）等，利用 5G 技术实现了数据信息的高效传输。同时，基于 5G 技术利用 VR/AR 技术，可以通过计算机对工业生产进行模拟，可让生产过程呈现在数据设备上，可以帮助生产管理人员实时掌握生产进度、产品质量、设备状态，根据这些情况对生产设备进行及时调整。

利用 5G 技术不仅可以实现数据信息的稳定高效传输，也可以对网络进行安全设计。5G 技术在保证信号覆盖质量的情况下，可以减少信号的外泄，实现工厂内有信号、外无信号，保障工厂生产和精密设备的安全。

目前，工业化和信息化的深度融合使"黑灯工厂"、智慧工厂等概念得以落地实现，工厂的生产效率大幅度提升，让工业企业受益无穷。

基于5G的智能工厂将提高工厂的生产效率，减轻工人的工作负担，减少因人为原因造成的生产失误，使生产更加精准。此外，基于5G技术的智能工厂打破了各个流程之间的信息壁垒，可以使工厂管理者对设计、生产、采购、销售、物流等环节进行综合一体化管理，可大幅提高工业企业的经营效率。

对于5G技术，在实际使用中需求存在差异，其中5G技术中的网络切片技术可以针对不同的需求对网络资源进行分配，可以满足用户在不同场景下的需求。在工业生产中，5G技术中的网络切片技术可以应用到多个场景，可以提高工厂生产效率，减少企业资源消耗，使智能工厂可以持续化发展。

在实际应用中，用户对于网络的时延、移动性、连接密度有不同的要求。为了满足用户的需求，就需要在网络配置中发挥5G网络切片技术的作用，使网络资源得到优化配置，提升资源配置效率，为制造业发展提供技术支持。

以5G技术的特性为依托，网络切片可以对多种技术进行综合应用，根据制造业不同的使用要求，可以对网络资源进行柔性化配置。例如，在制造业中，如果需要低时延、大宽带网络，可利用网络切片对技术进行调节。在处理智能工厂内关键事务时，对网络传输稳定性和传输效率要求较高，对于这个要求，网络管理员可以设置关键事务网络切片。

在智能工厂设置网络切片时，需要对各种基础设施资源进行整合应用，如传输资源、云资源等。基础设施资源不同，其具有不同的管理效用。利用5G切片技术，可以根据用户的不同需求对资源进行调整。

此外，对于一些相互独立的、不同的资源，智能工厂可利用网络切片技术对各种资源进行协同管理。为了使网络更加适于智能工厂生产，可以选择模块化管理模式，根据不同需求对模块进行组合。

5G技术可以改进网络系统，通过流量分流的方法降低时延。工厂不同，其发展的业务也不相同。针对这些个性化需求，网络切片可以为智能工厂提供个性化网络服务，也可制定出适用性较强的方案。此外，网络切片中的网络功能模块还可以对接各类数据中心。

例如，智能工厂在处理一些关键事务时，可以利用网络切片降低时延来提高数据传输效率。为了达到这个要求，智能工厂可以在终端用户所在地区的数据中心部署用户数据模块，利用这种方式提升智能工厂的生产效率。

智能工厂利用 5G 技术，可以使生产线实现自动化运行，可以加强对生产过程的控制能力。利用信息化技术把工厂生产中所有流程连接起来，可以提高资源的利用率，提高工厂生产运转效率，也可在生产过程中实现产品持续优化。

3.5G 应用于制造业可实现工厂智能化——远程运维管理

5G 技术应用于工厂，工厂内的所有设备人员都有自己独立的身份信息，即专属 IP（intelligent per; pheral，智能外设），利用专属 IP 可以实现工厂物料的信息追溯，从而实现自动维护与生产。此外，工厂的工人也将具有个人专属 IP，在生产过程中可以实现工人与产品、机器、原材料的互联互通。工厂也可把生产管理工作交给机器人完成，机器人可以把工厂的相关信息传送给专业人员，从而实现工厂的远程管理和操控。

例如，工厂建成了成熟的 5G 网络，在机器设备发生异常时，机器人可感知问题所在。在处理这些问题时有两种途径：一是机器人进行维修；二是机器人发现问题并对问题进行评估，维修工作由专业维修人员完成。

利用 5G 技术加上远程感知技术和虚拟现实技术，专业人员即使不在工厂也可远程操控工业机器人。

利用 5G 技术，智能工厂可把复杂的工作交给工业机器人完成。例如，一些设备的维护维修工作需要多个专家共同完成，但是这些专家可能位于不同的地区，来到工厂需要几天的时间。为了在最短的时间内解决问题，可利用远程感知技术和虚拟现实技术进行远程线上沟通，专家无须来到工厂即可参与解决问题。

利用 5G 网络，专家可以接收现场高清图像，加上感知技术，可以让工业机器人进行行为模拟。专家通过控制工业机器人，可以远程完成维护维修工作。

利用 5G 技术可以构建云化网络平台，并将其应用于智能工厂的各个环节中，在原材料配置、仓储、物流中发挥重要作用。感知技术和传感器技术在工厂中使用，可以对工厂的海量数据进行收集，利用 5G 构建的数据库系统，结合云计算对这些海量数据进行分析与处理，可以为工业机器人的自主学习提供数据支持。

在 5G 网络覆盖的智能工厂的部分应用场景中，可以利用 D2D 技术让设备与设备之间进行信息交互，可提升对接效率，提升智能工厂运营速度，既可以使智能工厂更快、更好地完成生产制造任务，也可以不断优化现有的解决方案。

随着 5G 技术在智能工厂的广泛应用，智能工厂可以利用 5G 技术加速工业机器人落地使用，把各生产环节复杂的生产工作和维修工作交给机器人完成，提升智能工厂的生产效率，降低人工成本，提高工厂生产效益。

5G 网络技术可以为云机器人提供通信网络服务。对于端到端网络连接，5G 网络切片可以根据云机器人的需求对网络进行设置，可以将时延降低到 1 ms，在网络连接方面可以把误差率降低到 0.001％；此外，还可以在其他各个方面满足云机器人对网络的需求，为智能工厂提供高效支持。

移动机器人的稳定高效运行对于智能工厂来说至关重要。机器人在工作时，各机器人之间既要相互独立，也要有协同工作能力，这就需要各机器人之间建立高效稳定的连接。此外，机器人也需要与工厂的其他设备建立连接，这就需要 5G 网络的支持。

随着智能工厂的发展，其对无线网络通信技术提出了新的要求。5G 网络可以服务于工厂的各个生产环节，可满足智能工厂的发展需求。相比于 4G 网络，5G 网络更具优势，更符合智能工厂的生产需求，5G 技术将在未来的智能制造中发挥重要作用。

4.5G 应用于制造业可实现工厂数据化——AR 实时监测与优化

目前，有很多工厂的工人戴着 AR 眼镜对工厂进行工厂巡检和数据传输，利用 AR 巡检系统已经实现了自动化巡检、远程智能控制、数据自动化管理、故障预警处理、专家远程诊断。

以前，工厂巡检需要巡检人员一项一项地检查，并手写巡检记录，巡检效率较低，人力成本较高。在低时延、大带宽的 5G 技术支持下，巡检人员利用 AR 眼镜实时获取设备信息和数据，实时获取设备的运行状态，可在第一时间发现机器设备故障，帮助管理者在最短的时间内给出解决方案；此外，针对不同的故障可以合理安排维修人员，提高了运行维护人员的工作效率。

运行维护人员利用 AR 眼镜巡检时，看向机器上的服务器，AR 眼镜即可呈现虚拟操作，显示各种信息，如巡检任务、机体温度、机柜信息、内存使用、硬件信息、CPU 使用率等；此外，运行维护人员可通过手势和虚拟操作进行交互。

运行维护人员在工作过程中遇到自己难以解决的问题时，可以通过 AR 眼镜与后台人员进行联系。后台人员也可通过 AR 镜获取实时现场信息数据，并对数据信息进行分析，做出相应的维修维护操作。

在工业 4.0 时代，机器人逐渐取代了人，但是这不代表人发挥作用的弱化，反而表明人的重要程度进一步提升。例如，在智能制造时代，工厂会面临客户的个性化需求，这些工作机器人是无法完成的，这就需要人来完成，同时也对人的能力提出了更高的要求。

5G 是 AR 实现的基础条件，试验表明，当视觉移动到 AR 图像的反应时间在 20 ms 以内时，才能保障同步性。因此，数据的整个传输时间必须控制在 20 ms 以内。此外，屏幕刷新和云端的试验表明，这个时间需要控制在 10 ms 以内，低时延的 5G 技术可以满足这个要求。

随着智能工厂的不断发展，工厂的功能越来越丰富，柔性化程度越来越高，这就对工厂工作人员的管理能力提出了更高的要求。为了满足智能工厂的生产需求，需要工作人员利用增强现实技术对工厂进行管理。比如在生产、监控等方面应用 AR 技术，在生产中利用 AR 技术进行操作指导，在远程操控中利用 AR 技术对远程专家力量进行整合。

在 AR 应用的过程中，为了完全胜任工作，AR 要具有方便移动和灵活应用的特点。为了达到这个要求，需要云端平台对设备信息进行处理，这就需要利用 5G 无线网络，实现 AR 设备和云端的信息交互。此外，AR 设备需要依托 5G 网络实时收集各种数据信息，这些信息数据包括生产设备数据、故障处理指导信息、生产环境数据等。

在 AR 应用中为了实现视觉同步，需要摄像头把拍摄的画面实时传递给 AR 眼镜。这个传输时间不超过 20 ms 才能达到理想效果，上面讲到在传输和接收过程中存在 10 ms 的延迟，因此，其传输时延需要控制在 10 ms 以内，5G 传输恰恰可以满足这个要求，只有把时延降低到 10 ms 以内才能给用户带来高质量的服务。

3.4.7　5G 在教育领域的实践与应用

回顾历史可以发现，每一次移动通信技术的诞生都会对教育领域产生积极影响和引起积极变革。在 1G 时代，中国九年义务教育普及，让很多学生走进教室学习；在 2G 时代，国家加大教育投入力度，一座座美丽的校园拔地而起，教室里开始使用电子显示屏和投影仪；在 3G 时代，教育事业发生了很多变化，产生了移动学习模式，远程教育发展迅速；在 4G 时代，人们进入移动互联网时代，手机成为人们离不开的移动终端，教育类公司如雨后春笋般诞生。

进入 5G 时代，5G 智慧教育将冲击传统教育模式，使教育发生重大变革。在 5G 时代，5G 将形成新的教育模式和形态，教育与 5G 结合将使教育系统互联互通融为一体。

1.5G 智慧教育演进路线和解决方案

（1）5G 智慧教育演进路线如图 3-12 所示。

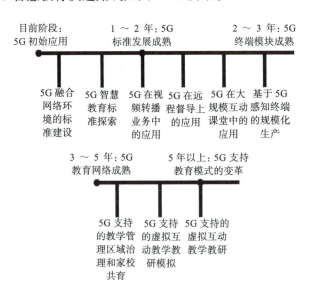

图 3-12　5G 智慧教育演进路线

（2）智慧教育解决方案。5G 时代智慧教育解决方案主要包含以下几个方面，如图 3-13 所示。

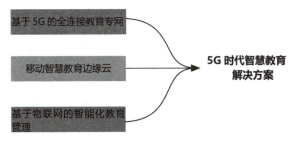

图 3-13　5G 时代智慧教育解决方案

2. 远程教学实现优质教育资源共享

5G 的出现使教育发生了很大的变革，也使教育资源能够均衡的发展。依靠 5G 网络技术，教育核心业务将实现转型和重构。由于教育领域用户多元化、情境多样化、需求广泛化，因此，针对不同的客户需求，可以实施不同的方案，这样实施教育就比较精准。由于5G环境可以提供高速度、大带宽、低时延、快速缓存等服务，可解决传统教育服务中存在的关键性问题。

相比于传统的教学模式，当代的教学模式更加追求个性化、智能化，教师利用各种智能技术了解每位学生的具体情况，根据学生的学习习惯、知识的难易程度等制订相应的课程计划，有针对性地对学生进行培养。

利用5G、云计算、VR等技术可以为教学互动、学生实际操作能力的培养提供强有力的技术保障。5G技术的应用为教学视频播放、教学资源的综合利用提供了很多的可能性。在课堂教学环节中，摄像头智能识别人像并自动切换画面、4K超高清摄像机呈现课堂实验与互动、课堂提问与回答声音的清晰传递等，都离不开5G技术的支持。

例如，在2019年7月8日，广州联通与中山大学南方学院举行了战略合作签约暨5G智慧校园启动仪式。目前，5G网络已覆盖了中山大学南方学院的主要区域，部分教室、实验室、5G+创新中心展厅都部署了5G+4K超高清教学互动录播系统。

在距中山大学南方学院70 km的5G创新应用展示厅，技术专家可以利用本地的录播系统、视频会议系统和手机等终端设备，利用5G网络与学校的直播教室进行远程连线。在5G远程互动课堂上，学生不仅能通过屏幕观看远端教室上课的视频、PPT，还能在屏幕上书写答题，答题情况会实时传送至远端教室。广州联通与中山大学南方学院通过这种方式构建了一个视频、音频、笔迹等多元交互的互动课堂。

除课堂外，5G网络还给学校图书馆带来了翻天覆地的变化。中山大学南方学院引入5G智能巡检机器人对图书馆内的物资设备、人脸信息进行巡检。在5G网络环境下，机器人可以利用人工智能、自动化控制等技术进行安防巡检、实时监测、全时值守联网巡逻，并自动识别、跟踪监测对象。在5G巡检机器人的帮助下，图书馆的工作人员只要坐在办公室中就能了解馆内的所有情况，不仅提高了管理效率，还节约了管理成本。未来，5G 网络、5G 机器人将在更多教务场景中发挥作用。

　　教学是教育领域中不可缺少的一个环节，教师通过教学完成教学内容的传授。教学不是教师一个人的事情，离不开学生的互动，如学生提出问题、学生对教学结果进行反馈等。因此，在教学过程中，5G 发挥着至关重要的作用：在远程教学过程中，教师通过 VR/AR、全息技术改善学生的学习体验；在互动教学中通过提供低延时、高速率的反馈提升教学效果；在实验课堂中通过模拟实验环境和实验过程提供沉浸式体验。5G 技术可以构建新的教学课堂，为远程教育提供支持，如图 3-14 所示。

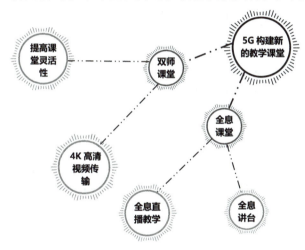

图 3-14　5G 构建新的教学课堂

　　（1）双师课堂。双师课堂指的是由授课教师利用大屏幕对学生进行远程直播授课，同时班内安排一名辅导员，负责维护课堂秩序、回答学生疑问、布置作业的课堂教学模式。因为有两名教师同时开展教学工作，所以这类课堂被称为双师课堂。

　　远程教育的主要场景是双师课堂，双师课堂可以解决乡村教学中缺少教师、课程开设不齐等问题，可以有效促进城乡教育均衡协调发展。

　　双师课堂可利用有线网络连接开展教学，但是有线网络建设存在工期长、灵活性差、成本高的缺点。此外，利用 Wi-Fi 网络会存在音频视频延迟、卡顿等问题。利用 5G 网络可以解决以上问题，它可以让课堂教学变得更灵活；同时 5G 网络支持 4K 超高清视频传输，可以打造低时延沉浸式双师课堂，解决双师教育交互体验差的问题，为双师课堂的可持续发展提供保障。

为了让双师课堂中的师生拥有沉浸式教育体验，需要保障网络连接和传输的稳定性，可以利用 5G 边缘计算技术降低双师教学的时延，也可利用 5G 切片技术打造双师课堂专网。

（2）全息课堂。全息课堂是指利用虚拟现实技术、增强现实技术，以全息投影的方式把教师的教学行为和教学内容通过裸眼 3D 效果呈现给学生的课堂教育模式。

利用"5G+ 全息投影"技术可以解决教育资源分布不均的问题，可以建立学校与学校之间的连接。两种技术的融合使用可实现一对一远程教学，也可开展一对多、多对一远程教学，使得分布在各地的优质教育资源在全国范围内得到共享。全息教学是可以不改变师生交互习惯的全新教学模式，有很强的适应性。

5G 传输的速率可达百兆以上，是 4G 的 10 ～ 100 倍；5G 的时延也非常低，端到端仅有 20 ～ 40 ms。在这些优势的支持下，5G 可以满足音频、视频、AR 在应用中对大带宽和低时延的传输要求，可以使远程全息课堂教学无延迟沟通交流。全息课堂可增强学生沉浸式体验，使得教师与学生的沟通方式发生革命性变化。全息直播教学和全息讲台可应用于教育参观培训、实操技能训练、文化展示、学生上课体验等教育场景。

①全息直播教学。全息直播教学可以用来收集名校名师的优质教学视频和音频，不需要设置其他设备，教师利用高清显示器就可以实时了解学生的课堂状态，也可实现与学生的实时互动。

②全息讲台。全息讲台设置在听课教室，利用全息屏幕把传输过来的教学数据以裸眼 3D 的投影效果呈现给学生。在学生和教师交互方面，全息讲台利用高清摄像头和麦克风获取学生课堂情况，也可将学生课堂情况实时传送给教师，实现师生交互和互动教学。

3. 互动教学：打造智慧课堂新模式

互动教学是指把传统课堂的软硬件模块升级到 5G，如从 Wi-Fi、有线网络等网络承载升级为高速率、高安全、低时延的 5G 网络承载。智慧课堂在使用过程中给师生带来全新的体验。

和传统课堂相比，5G 智慧课堂利用 5G 化的软硬件，充分发挥 5G 的优势，给教师和学生带来更快、更好、更流畅的体验。

（1）软硬件升级到 5G，使得学校网络承载统一，不需要部署多种网络，教学终端变得像手机一样连接 5G 网络，开机就可使用。教学后台应用都可承载于学校的 5G 边缘云平台中，使得信息更加安全，在管理上可以实现免维护。

（2）5G 的超高带宽可以让智慧课堂中的各种设备呈现 4K 级画面效果，还可呈现 8K 超高清视频，让教学视频变得更加清晰、自然、完美，使智慧课堂的教学效果保持领先地位。

（3）利用 5G 传输速率快、时延低的优点，可以使智慧课堂实现持续录播。在远程授课过程中，身处异地的远端可以无延迟接收 4K 及以上高清课堂画面。

利用 5G 技术，智慧课堂系统可以实现智慧教学管理，如可以实时采集学生书写、答题信息和答题进度；也可发现学生存在的问题，掌握学生对知识的理解程度。利用 5G 网络可以使数据采集和传输更加稳定可靠，为师生带来更高效、更丰富、更稳定、更具价值的数据服务。

（4）利用 5G 技术实现信息化教学。

①课前：教师可利用 5G 手机终端随时随地进行备课。

②课中：教师可利用答题反馈器了解学生测试情况，根据情况实时调整授课方式，提高课堂教学效率；教师可以利用 5G 移动终端设备进行移动讲台式教学。

③课后：针对不同的学生开展个性化功课辅导。

4. 5G+VR/AR 教学：实现可视化教育

5G 可以让 VR/AR 在教育领域得到更好的应用，如教师可以利用

VR/AR 模拟各种场景，学生无须前往其他地方就可以实现虚拟实地考察，从而提高学习效率。

此外，学校可利用 5G 建设 VR/AR 平台，开展虚拟实验课、虚拟创造课、虚拟科普课等教学，让知识变成数字化的、可观察交互的虚拟事物。

和传统教育相比，5G+VR/AR 教学模式有很多优点，如教学内容三维直观化、更具互动性和参与性、主动的交互式学习、游戏化学习、降低教学风险、促进教育资源均衡化，如图 3-15 所示。

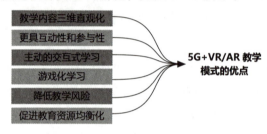

图 3-15　5G+VR/AR 教学模式的优点

（1）教学内容三维直观化。5G+VR/AR 技术可以让学生的课堂体验从 2D 升级为 3D，使教学内容更加生动。对于一些肉眼看不到的东西，可以将其形象化地展示出来，如电波、原子、磁场等，帮助学生加深对知识的认知和理解。

（2）更具互动性和参与性。利用 5G+VR/AR 可以让学生摆脱以前死记硬背的学习模式，让学生在情景中体验学习内容，让学习变成"一种真实情景的体验"，可以充分调动学生的学习热情，让学生主动参与到知识学习中。

（3）主动的交互式学习。在学习过程中对于一些不理解的知识，学生可以随时暂停或回放，不会给教师带来教学压力。

（4）游戏化学习。经研究证明，游戏化学习是一种高效率的学习方式，在游戏化学习中可以快速学习知识。5G+VR/AR 既可使知识可视化，也可设计出游戏化教学内容，寓教于乐，可以激发学生的学习热情，提高其知识掌握速度。

（5）降低教学风险。在教学过程中有很多操作具有危险性，如化学、机电、物理等学科需要学生手动操作，利用 5G+VR/AR 技术可以模拟操作，大大降低教学中的风险。

（6）促进教育资源均衡化。5G+VR/AR 可以把来自全国各地的名师汇聚到一起，对一些师资力量相对薄弱的地区，让学生汇聚到一个虚拟课堂，名师进行 VR/AR 授课，开展实时互动，提高体验的真实性，使得教育资源均衡化。

5. 利用 5G 打造沉浸式教研系统

（1）远程听评课。基于 5G 的远程听评课是对以录播为主的传统授课方式的升级，它需要借助 5G 录播终端、大数据、人工智能、云计算等先进技术来实现，其终端设备如表 3-2 所示。

表3-2　5G远程听评课需要的终端设备

序号	终端设备
1	支持智能导播决策和显示触控一体化的 5G 录播主机
2	支持高清视频画面的 5G 摄像头
3	支持声音无损采集的 5G 话筒
4	支持高清晰显示的设备

5G 远程听评课在各种教育场景中有着广阔的应用空间，如双师课堂、远程录播课堂、智慧课堂传递等，其主要功能如表 3-3 所示。

表3-3　5G远程听评课的主要功能

主要功能	具体内容
流畅听课	教师可以方便快捷地点击课表开启远程听课服务，并且支持跨区域高清实时课堂互动

续表

主要功能	具体内容
自由评课	系统可以对动态视频和电子课件进行切片化处理，让教师和学生可以自由地对教学活动进行评价
集中控制	基于云端一体化的远程听评课解决方案，可以实现对所有听评课设备远程统一控制，对设备状态、日志数据、业务应用等信息进行集中管理，提高听评课系统运行效率和安全

5G 技术对远程听评课的作用有以下几方面：

① 5G 网络为远程听课教师提供高质量、实时现场教学画面。

② 5G 网络使录播终端实现网联化、智能化，使教师的操作更加简单，同时降低了维护成本。

③ 5G 远程听评课可实现电子课件和视频的切片化绑定，使学生可以在最短的时间内找到知识点，使听课教师对授课教师做出更加客观、精准的评价。

④ 5G 远程听评课可使用移动边缘计算的 AI 能力，为课堂提供实时评测的技术支持。

（2）在线巡课。在线巡课的功能如表 3-4 所示。

表3-4　在线巡课的功能

序号	功　能
1	帮助教师进行反思，支持教师线上学习，提高教师教学水平
2	对教师言行进行规范和监督，可远程评估教学效果，在巡课过程中对关键信息进行记录并点评
3	加强教室监控，提高校园安全，可对教室全方位无死角监控
4	实现远程教研，教师可利用各种终端设备开展远程听课，可与其他教师进行远程交流、互动，帮助教师研发更先进的教学方式和策略等

续表

序号	功　能
5	可对考场进行全面监控，提升监考质量。使用教室内的视频、音频设备对考场进行监控，帮助工作人员进行远程监考，并提供考场录像。实现校园监控系统和考场监控系统兼容，工作人员可利用集中控制平台进行统一管理
6	提高课堂开放性，为教师和学生提供泛在学习支持
7	可加强学校和家长之间的交流合作，增加家长对教师的信任

5G 技术可以帮助在线巡课系统持续优化，主要体现在以下几个方面：

①为视频、音频设备提供无线模块，在没有终端主机的时候可以直接传输视频、音频内容。

②利用云端巡课平台可在云端部署服务器，降低学校硬件成本及其维护成本。

③为巡课提供超高清图像，使网络更加稳定，提升巡课质量。

④使区域内的巡课系统互联互通，实现省、市、区、学校的在线巡课系统无缝对接；可对区域内的设备、人员等进行统一管理，减少资源浪费。

⑤促进行业协议标准化，使各厂商生产的设备相互兼容，降低学校部署成本。

⑥强化移动端应用，使用手机等移动终端设备可以随时随地巡课。

6. 5G+ 监控：实现校园安全管理

5G+ 监控可实现校园监控智能化。校园智能监控可以实时跟踪学生的学习和生活轨迹，提供校车人脸识别、课堂活动监控、校门口人脸识别、校园周边突发状况预警等服务。智能监控可以覆盖学生的出行、活动、学习、饮食等方面，保障学生的安全，也可让家长了解孩子在校的情况。

5G 校园智能监控系统的主要功能如表 3-5 所示。

表3-5 5G校园智能监控系统的主要功能

主要功能	具体内容
云化平台	对统一管控平台进行云化部署，由云端对相关设备进行集中管理，支持教育主管单位高清、大屏接入，7×24 h为学生安全保驾护航
云端部署	通过云化部署，充分利用现有设备资源帮助学校和教育主管单位降低部署和运维成本
边缘计算	通过对监控数据进行高效处理和分析，快速识别异常情况和突发情况，及时向有关人员预警
边缘分发	就近为用户提供内容分发，降低数据远程传输造成的延迟，节省带宽成本
高清接入	教育主管部门可以通过高清监控大屏对各路学校监控进行检查，及时发现传统校园监控系统中存在的细微问题

第 4 章　电子信息技术在人工智能领域的实践与应用

4.1　人工智能

4.1.1　人工智能的含义

人工智能（Artificial Intelligence，AI）是计算机科学的一个分支，是电子信息技术发展到现阶段的产物，同时也是电子信息技术应用的领域之一。人工智能于 1956 年提出并发展成为一个独立的研究领域，起初是用于研究和理解人类的智能。随着人工智能的发展，在很多方面，人工智能已经超越了人类智能。例如，阿尔法围棋人工智能机器人，它是第一个在围棋比赛中击败人类的人工智能机器人。目前，人工智能已经拓展为研究、开发用于模拟、延伸和扩展人的智能的理论、方法、技术及应用系统的一门技术科学[①]。人工智能在人类设定的程序上处理相关数据信息，并通过机器完成一系列代替人类劳动的工作，从而提高生产效率。

从人工智能诞生之日起，很多专家学者就对人工智能持有不同的观点，其概念和含义一直存在很多争议，发展至今学术界仍没有给人工智能一个明确的定义。作者总结了世界上多位学者对人工智能含义的理解。

（1）人工智能是一些活动的自动化过程，这些活动包括思考、决策、学习等活动。

（2）人工智能是让计算机像人一样具有思维、智力的尝试活动。

（3）人工智能是利用计算机模型来研究人类智力和行为的技术。

（4）人工智能是让机器能够像人一样自主执行智能行为的技术。

（5）人工智能是通过计算机计算使人类能够理解和使模型能够模仿智能行为的学科。

（6）人工智能是利用计算机来代替人类做某些工作，以解放人类劳动力的技术。

---

① 王春林 . 人工智能 [M]. 西安：西安电子科学技术大学出版社，2020.

（7）人工智能是人类设计和研究有智能行为的计算机程序，使其能够像人一样执行智能行为。

综合以上学者对人工智能含义的描述，人工智能可以理解为，人工智能是指让计算机具有人类的智慧和智能能力，能够代替人类执行思考、决策、行动、学习等功能的技术。例如，人工智能可以理解人类语言、文字和要求，可以按照指令满足人类各种需求。

人工智能是一门科学，也是一项工程。作为一门科学，首先要明白智能的本质，明确智能能否进行计算、如何计算等问题。人类发展人工智能的本质是让机器能模仿人类，并帮助人类做很多事情和解决很多问题。因此，人工智能具有科学和工程属性。基于这两种属性，人工智能具有跨学科和综合特性。人工智能涉及如数学、哲学、心理学、语言学、计算机等多个学科。

发展人工智能的目标不是制造出人工智能机器人，而是使人类可以借助人工智能增强人类认识和改造世界的能力。拓宽和延伸人类的智能能力，以此来改变人类生产和生活，这是发展人工智能的最终目的。

人类智能能力体现在多个方面。人类具有感知和活动能力。人有眼、耳、鼻、舌，这些是人们感知世界的器官。通过这些器官，人可以听到声音、识别图像、辨别气味等，通过感知到的信息做出相应的举动。此外，人类具有灵活的四肢，可以做出很多动作，如抓举物体，这个简单的动作是人类四肢和环境的强大交互能力的体现。但是机械手在抓举物体时，首先要感知物体的位置和质量，判断以多大的力量可以抓起物体并移动到相应位置。在人类看来一个简单的动作，对机器人来说需要一个复杂的系统和技术才能完成。

人类智能的另一个重要特点是人类具有复杂的心智。人类心智具有多样性，这些多样性体现在人类对环境的认识和理解上，如语言理解、场景理解、学习归纳、推理决策等。人类心智活动的中心是大脑。人类大脑是如何运作的？人类大脑是如何实现智能的？这些是科学家一直研究和探索的问题。人工智能最重要的一点是要赋予机器一个类似人类的大脑，使机器能像人类一样拥有心智。如果机器仅有感知和活动能力，那么机器仅能达到动物的智能水平。

人类之所以能够从动物中脱颖而出，是因为人类的心智能力比动物心智能力强大。虽然动物也有大脑，但是人类的认知能力强于动物的认知能力。认知能力是指感知环境信息并经过大脑加工处理后变成心理活动的能力，这些心理活动形成了主体对世界的认知。这些认知包括因果认知、空间认知、语言认知等。

截至目前，对于人工智能的研究还处在仿生的学习和应用阶段，主要是让机器学习和模仿人类大脑的行为。人类大脑的智能分为三个层次，即思维、感知和行为。所以，对于人工智能的研究需要解决这三个层次的问题。

1. 思维：机器思维

让机器拥有类似人类的大脑，可以进行思考、判断和决策等。

2. 感知：机器感知

让机器拥有像人类一样的感知能力，如视觉、听觉、嗅觉、触觉。这些感知能力是机器具有人类思维的基础。

3. 行为：机器行为

让机器拥有人类的行为能力，如语言、劳动能力、使用工具等能力。

4.1.2　人工智能涉及的学科

人工智能在理论基础和应用方面涉及很多学科，其中主要包括哲学、仿生学、认知科学、计算机科学、数学、神经生理学等。以下介绍人工智能涉及的重要学科，如图 4-1 所示。

1. 哲学

哲学是一个研究范围较广的学科，其具有逻辑系统较为严密的宇宙观。哲学有逻辑学、心理学、科学技术哲学等分支。哲学在逻辑工具、评判准则、伦理思辨和发展事业等方面提供了支持。人工智能中很多观点都属于哲学观点，受到哲学理论的约束和限制。其实任何一个领域都会涉及哲学问题。人工智能的研究涉及智能、意识、认知、心灵、思维等，这些都是在哲学中反复讨论和使用过的概念，所以人工智能与哲学有着密不可分的关系。

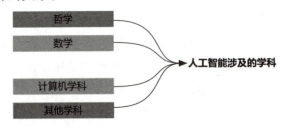

图 4-1　人工智能涉及的学科

"人工智能"简单来说就是让机器有类似人的大脑，并像人一样工作。但是机器毕竟是机器，不可能有完全和人一样的大脑，所以，人工智能只能在某些方面像人。在这个方面，主流的观点是让智能解决那些人可以解决的问题，这是对智能能力的描述。这种把"智能"当作"解决问题"的观点，就是一个关于智能和思维的哲学理念。

对于人工智能的研究和发展，有两个哲学问题需要人们思考：一是人工智能的发展及其极限是什么，即可以发展到什么程度；二是对于人工智能的哲学反思，即人是否是地球的唯一者。目前，这两个问题还不能得到答案，但是它们会一直伴随人工智能的研究和发展。

2. 数学

数学是一个研究数量、结构、变化、空间以及信息等概念的学科。在人类社会的发展中，数学起到了至关重要的作用，也是现代科学的基本工具。数学有概率论、数理统计、代数、几何、微分方程等分支，其中很多分支为解决人工智能问题提供了思路和方法。例如，概率论和数理统计为人工智能提供了统计学习的指导思想和算法，成为研究大数据的重要工具。

各种数学模型、优化算法和各种建模算法是人工智能的基础，这些模型和算法都来源于数学分支。程序代码是人工智能的重要组成部分，这些程序代码的运行都是通过数学模型和算法的程序来实现的，这些模型和算法在计算机上的运行与计算实现了人工智能。人工智能的发展离不开数学，数学的发展也将促使人工智能不断进步。

3. 计算机学科

计算机学科是研究计算机设计与制造的学科，也是研究利用计算机进行信息获取、表示、存储、处理等技术的学科。计算机技术是人工智能发展的重要基础之一。人工智能利用计算机软件技术进行编程和计算，人工智能系统的功能实现都是通过计算机软件来实现的。另外，计算机硬件技术为人工智能提供了器件支持，为打造高性能的人工智能系统打下了硬件基础。此外，很多计算机软件也采用了人工智能的理论方法和技术，如专家系统软件、机器博弈软件等。

人工智能的发展离不开计算机的软件和硬件。当前，人们对人工智能的研究主要集中在如何让计算机变得更"聪明"，如何研发出智能水平更高的计算机应用程序等方面。计算机是人工智能应用和发展的基本工具，所以人工智能和计算机学科有着最直接、最密切的关系。

4. 其他学科

目前，人工智能是一个新颖、前沿的研究领域，其研究除了涉及哲学、数学、计算机科学外还涉及很多学科，如应用学科、仿生学、神经学等，这些学科为人工智能提供了智能构造的结构和组织形式，目前对于人工智能的研究主要集中在模拟人脑方面。此外，自然界中的生物也为人工智能研究提供了很多优化方法和思路。

4.1.3　人工智能的研究方法

当前，对于人工智能的研究没有统一的原理和方法。对于人工智能研究的很多问题，研究人员之间存在很多争论。例如，从哪个方向研究人工智能，心理学或神经学？人类生物学和人工智能研究有什么关系？智能行为用什么来描述？智能能不能用符号来表示？

人工智能研究的目的是使用人工技术和方法制造出智能系统，从而

为人类服务。随着电子信息技术的不断发展，对于人工智能的研究方法
很多，且其研究方法逐渐多样化，包括仿生研究、原理分析和数学建模、
心理模拟和符号推演，如图 4-2 所示。

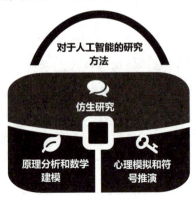

图 4-2　对于人工智能的研究方法

1. 仿生研究

仿生研究是指人通过研究生物体，比如人、动物的生物结构和功能，
从而开发出新的人工智能理论、方法和技术。仿生研究主要是研究生物
体的大脑的结构和功能，以此为人工智能研究提供方法和理论支撑。仿
生研究方法可分为生理模拟、行为模拟和群体模拟三种模拟方法。

（1）生理模拟。生理模拟是指从大脑的生理层面展开研究，通过各
种数学算法，模拟脑神经网络的工作过程，从而实现某种程度的人工智
能。人工神经网络是对人脑研究的重要成果。人工神经网络具有可以模
拟人脑的形象思维、便于实现人脑的低级感知功能的特点，比如对声音、
图像、信息的识别和处理。人工神经网络是目前研究人工智能的重要方
法，如深度学习就是在人工神经网络基础上产生的算法。

大脑是一个非常复杂的系统，到目前为止，人们仍没有研究清楚它
的生理结构和工作原理，所以对大脑的生理模拟很难实现。目前，神经
网络模拟也只是简单的生理模拟，只能实现一部分功能，要实现人脑的
全部功能还有很长的路要走。但是，随着人们对大脑认识的不断加深，

未来有可能会实现全脑模拟。

（2）行为模拟。行为模拟是模拟人和动物在各种环境中的智能活动和行为，以此来研究和实现人工智能。这种研究是在"感知—行为"的基础上展开的，所以被称为行为模拟。麻省理工学院的 R. Brooks 教授研发的六足行走机器人就是行为模拟的代表。

此外，还有很多机器人都是在行为模拟基础上研发出来的。例如：香港汉森机器人技术公司研发的"索菲亚"类人机器人，该机器人可以做出 62 种人类表情，可以识别面部，并可以与人进行眼神接触和语言交流；美国波士顿动力公司研发的 Atlas 人形机器人可以模拟人类的很多动作，如奔跑、跳跃、前空翻、后空翻等，它利用感知技术来定位障碍物并越过障碍物。

（3）群体模拟。群体模拟是通过模拟生物的群体行为来实现人工智能的。群体模拟也可称为群体智能算法。目前，优化算法是群体模拟研究的重心。例如，蚁群算法模拟蚁群在觅食过程路径优化现象，免疫算法模拟人类免疫细胞的群体行为。这些群体智能模拟是通过研究群体中个体行为特征和个体间信息交换的方法来实现的。这些算法在解决组合优化等问题中有很好的表现，人工智能研发的过程也是问题优化的过程。群体模拟智能算法在人工智能领域具有非常重要的地位。

2. 原理分析和数学建模

原理分析和数学建模是对智能本质和原理的研究，利用数学方法来建立智能行为模型。原理分析和数学建模研究方法是用纯粹的人的智能来实现机器的智能。20 世纪 90 年代，人工智能发展历程中出现了用数学工具来解决人工智能问题的方法，这些工具是具有科学性的，简言之，就是这些工具的应用产生了很好的效果，这也是最近几年人工智能取得相应成果的原因。研究者利用数学中的概率统计学来处理不确定性信息和知识，建立了统计模式识别、统计机器学习等一系列原理和方法。

3. 心理模拟和符号推演

心理模拟和符号推演是从心理层面入手，以智能行为的心理模型为基础，把问题和知识表示为逻辑网络，使用符号推演的方法，模拟大脑的逻辑思维活动，以实现人工智能。该研究方法认为，人脑的思维活动是在心理层面上进行的，如思考、记忆、想象，这个思维过程可以通过语言符号进行表达。所以，人的智能行为可以用逻辑来建模。

心理模拟和符号推演代表性的理念是"物理符号系统假设"，即认为符号是人类对客观世界的认知基础元素，符号处理的过程就是认知过程。计算机也可以处理符号，所以可以用计算机通过符号推演的方式来模拟人的逻辑思维过程，实现人工智能。许多重要研究成果都是用符号推演取得的，如自动推理、机器博弈及专家系统等。这种方法模拟了人脑的逻辑思维，并利用显性知识和推理解决问题，故而它可以实现大脑的高级认知功能，如推理、决策等。符号推演是人工智能研究中最早使用的方法之一。

4.2 人工智能的发展及学派

4.2.1 人工智能的发展历程

人工智能是从 20 世纪 40 年代孕育和发展起来的，其间经历了很长的过程，总体来说可分为 7 个阶段，如图 4-3 所示。

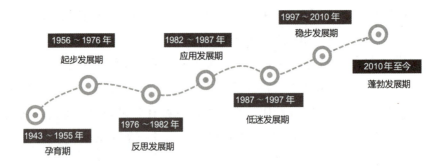

图 4-3 人工智能发展历程

1. 孕育期（1943 ~ 1955 年）

人工智能的三大基础是基础生理学和脑神经元功能、命题逻辑的形式化分析和计算理论。在人工智能的三大基础上，美国神经学家 Warren McCulloch 和数学家 Walter Pitts 在 1943 年建成了世界第一个神经网络模型，这是后期研究人工神经网络的基础。

1950 年，世界第一台神经网络计算机诞生，其建造者是 Marvin Minsky 和 Dean Edmonds。该计算机可以模拟 40 个神经元构成的网络。

1950 年图灵发表论文《计算机器与智能》，提出验证机器是否智能的方法并做了人机对话实验，该实验即为著名的图灵测试。该测试是让一个人和一台机器坐在幕后，测试者同时和幕后的机器及人进行交流，如果超过 30% 的测试者不能辨别对方是人还是机器，则说明机器具有人类智能。虽然图灵测试有一定的局限性，但是该测试在人工智能发展中具有重要意义。

2. 起步发展期（1956 ~ 1976 年）

1956 年，在美国达特茅斯学院召开了一次研讨会，各个学科的科学家参加了该研讨会，提出了"人工智能"的概念，人工智能由此诞生。同年，"人工智能"被确立为一个学科。在研讨会结束的 10 年时间里，人工智能取得了很多成就：

（1）1957 年，感知机诞生，并推动了连接机制的研究，但这个时期的感知机有很大局限性。

（2）1959 年，阿瑟·塞缪尔研发出跳棋程序，该程序打败了他本人。

（3）艾伦·纽厄尔和赫伯特·西蒙研发出一个非数值思考程序，该程序可以证明《数学原理》中的 38 个定理。

（4）1960 年，麦卡锡研发出人工智能语言系统 LISP，该语言程序是实现人工智能的重要工具。

（5）1966 ~ 1972 年，美国斯坦福国际研究所研发出世界首台采用人工智能的移动式机器人 Shakey，并开发出 STRIPS 系统。

（6）1966 年，世界第一台聊天机器人 Eliza 诞生，它可以理解简单语言，可以进行类似人的互动。

（7）1968 年，道格拉斯·恩格尔巴特发明了计算机鼠标，被誉为"鼠标之父"，并提出了超文本链接概念，他提倡"智能增强"而非取代人类。

（8）1972 年，维诺格拉德开发出 SHRDLU 系统，该系统可以使用语言指挥机器人完成一系列动作，机器人可以和人进行简单的交流，也可进行决策和执行操作。

以上这些成就促进了人工智能的发展，为后期进一步研究人工智能奠定了坚实的基础。

3. 反思发展期（1976 ～ 1982 年）

人工智能取得突破性进展，使人们开始尝试实现各种应用目标，但是这些应用目标有些不切实际，导致尝试不断失败没有达到预期，使得人工智能发展进入低谷期。例如，1976 年，机器翻译失败给人工智能带来了负面影响，从而导致人工智能的研究经费减少。人工智能发展进入反思发展期。

4. 应用发展期（1982 ～ 1987 年）

进入 20 世纪 80 年代，随着工业、商业、金融等行业的不断发展，人工智能研究得到一定恢复。在这个时期，模拟人类专家知识和经验、可以解决问题的系统被研发出来并得到应用。这些系统被应用到医疗、地质和化学等领域，并取得了成功，推动人工智能进入新的发展阶段。

（1）1982 年，商用专家系统开始在数据设备公司（DEC）运行，用于进行新计算机系统的结构设计。

（2）1986 年，大卫·鲁梅尔哈特提出了反向传播算法。

5. 低迷发展期（1987 ～ 1997 年）

随着人工智能的不断发展，其应用领域不断扩大，但是专家系统的应用领域狭窄、缺乏常识性知识、知识获取困难、推理方法单一等问题逐渐暴露出来。

（1）1987 年，人工智能硬件市场需求大幅降低。Apple 和 IBM 生产的台式计算机性能有很大提升，其性能超过了 Symbolics 和 Lisp 机，使得通用计算机市场土崩瓦解。

（2）1991 年，日本的"第五代工程"历经 10 年没有实现，研发者的期望与现实存在很大差距。例如，"人机交流"，该愿景到 2010 年也没有实现。

6. 稳步发展期（1997 ～ 2010 年）

进入 20 世纪 90 年代末期，随着互联网技术的应用和发展，人工智能逐渐崛起。

（1）1997 年，在国际象棋比赛中，国际象棋计算机深蓝击败世界冠军加里·卡斯帕罗夫。

（2）2006 年，杰弗里·辛顿提出了深度学习的概念，并在图像识别、语音识别等领域取得重大突破。

7. 蓬勃发展期（2010 年至今）

在这个时期，大数据、云计算、互联网、物联网等电子信息技术发展迅速，人工智能技术也取得了飞速发展。

（1）2014 年，微软研究和发布了世界第一款个人智能助理——微软小娜。

（2）2016 年，谷歌旗下 DeepMind 公司研发的阿尔法围棋（AlphaGo）击败了世界冠军李世石，同时也是世界上第一个击败世界冠军的人工智能机器人。该计算机程序在 2016 年末到 2017 年初，和中、日、韩三国几十位围棋高手在棋类网站进行比赛，全部取得胜利。

（3）2017 年 5 月，阿尔法围棋在中国乌镇围棋峰会上，以 3：0 击败了围棋世界冠军柯洁。

（4）2017 年 10 月，谷歌发布了阿尔法元（AlphaGo Zero），随后阿尔法元和阿尔法围棋展开围棋比赛，最终阿尔法元以 100：0 完胜阿尔法围棋。

当前，在图像识别和语音识别等方面，机器已经可以达到人类水平。2011 年以后，图像识别错误率大幅下降。在语音识别方面，2016 年以后我国人工智能已经达到人类水平。到 2018 年，国内很多公司的语音识别正确率高达 98%。

4.2.2 人工智能的学派

人工智能涵盖很多学科，加上人工智能历经多年的发展，各学科人员对人工智能有不同的见解，因此形成了不同学派。在各学派中最具影响力的有符号主义学派、连接主义学派和行为主义学派，如图 4-4 所示。

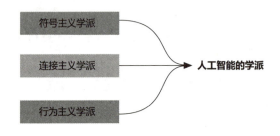

图 4-4　人工智能的学派

1. 符号主义学派

符号主义学派又被称为逻辑主义、心理学派或计算机学派，其原理为物理符号系统假设和有限合理性原理，如图 4-5 所示。符号主义学派认为人工智能源于数理逻辑，19 世纪末数理逻辑发展迅速，到 20 世纪 30 年代开始用于描述智能行为。计算机出现后，在计算机上实现了逻辑演绎系统。

符号主义学派认为人类对事物的认知过程是符号操作和运算的过程，所以该学派主张用公理和逻辑体系构建人工智能系统。符号主义学派认为人工智能的核心是知识表示、知识推理和知识应用，符号可以用来表示知识，认知的过程就是符号加工的过程，因此，符号主义学派一直致力于用计算机符号来模拟人的认知过程。其代表人物有赫伯特·西蒙和艾伦·纽厄尔。

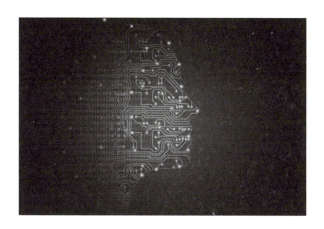

图 4-5　符号主义学派原理

2. 连接主义学派

连接主义学派又可称为生理学派或仿生学派，其原理主要为神经网络及神经网络间的连接机制与学习算法，如图 4-6 所示。连接主义学派对人工智能的观点是人工智能源于仿生学，特别是针对人脑模型的研究，它主张模仿人类的神经元，如图 4-7 所示。连接主义学派以神经元为基础开辟了人工智能的又一发展道路。

图 4-6　连接主义学派原理

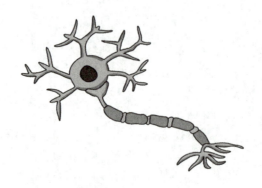

图 4-7 神经元

连接主义学派从神经生理学和认知科学的研究成果出发，把人具有智能能力的原因归结于人脑的高层活动的结果。连接主义学派诞生于1943 年，同年研发出了神经元的形式化模型（M–P 模型），1957 年发明感知器。

1982 年，连接主义学派代表人物约翰·霍普菲尔德开发出 Hopfield 模型。1986 年，鲁梅尔哈特提出反向传播算法。2012 年，在 ImageNet 大型视觉识别挑战赛中，深度学习模型以领先成绩拔得头筹。随着硬件技术的发展，深度学习成为当下实现人工智能的主流技术之一。

3. 行为主义学派

行为主义学派也可称作进化主义学派或控制论学派，其原理主要为控制论和"感知—动作"型控制系统，如图 4-8 所示。该学派主要研究内容有生命现象的仿生系统、人工建模与方针、进化动力学、人工生命的计算理论、进化与学习综合系统以及人工生命的应用等。行为主义学派认为，人工智能可以像人一样逐渐进化，但是智能体的智能行为和能力只能通过其与现实世界及周围环境的交互而表现出来。

控制论学派思想在 20 世纪四五十年代就成为时代思潮的重要部分，其思想影响了早期的人工智能研究者。到 20 世纪末，行为主义学派以人工智能新学派的面貌出现，引起了很多人的关注。该学派的代表作是六足行走机器人，该机器人由美国麻省理工学院罗德尼·布鲁克斯研发，它被称作新一代的"控制论动物"，是一个基于"感知—动作"模式模拟昆虫行为的控制系统。

图4-8　行为主义学派原理

4.3　电子信息技术在人工智能领域的应用

4.3.1　电子信息技术在无人驾驶汽车中的应用

无人驾驶是汽车产业发展的趋势，也是汽车领域的一项尖端技术。无人驾驶汽车也可称为轮式移动机器人。无人驾驶汽车是利用各种传感器来感知行驶中的环境，可以实现自动规划路线、自动控制车辆到达目的地的智能汽车。

无人驾驶是分等级的，美国国家公路交通安全管理局（NHTSA）把无人驾驶从 0～4 分为 5 个等级，美国汽车工程师协会（SAE）把无人驾驶从 0～5 分为 6 个等级，如表 4-1 所示。

表 4-1　NHTSA和SAE的无人驾驶分级

无人驾驶分级	名称	定义	驾驶操作	周边监控	接管	应用场景
0　0	人工驾驶	由人类全权驾驶汽车	人类驾驶员	人类驾驶员	人类驾驶员	无
1　1	辅助驾驶	车辆对转向盘和加减速中一项操作提供驾驶支援，除此之外的驾驶动作由人完成	人类驾驶员和车辆	人类驾驶员	人类驾驶员	限定场景
2　2	部分无人驾驶	车辆对转向盘和加减速中的多项操作提供驾驶支援，除此之外的驾驶动作由人完成	车辆	人类驾驶员	人类驾驶员	限定场景
3　3	有条件无人驾驶	无人驾驶系统负责所有驾驶操作，人类驾驶员保持注意力以备不时之需	车辆	车辆	人类驾驶员	限定场景
4　4	高度无人驾驶	无人驾驶系统负责所有驾驶操作，人类驾驶者不需要保持注意力，在限定道路和环境中驾驶	车辆	车辆	车辆	限定场景
4　5	完全无人驾驶	无人驾驶系统负责所有驾驶操作，人类驾驶者在可能的情况下负责驾驶，可以在所有的道路和环境中驾驶	车辆	车辆	车辆	所有场景

无人驾驶涉及很多技术，其中有自动控制、视觉计算、人工智能等技术，是电子信息技术发展到一定高度的产物，是衡量一个国家工业研发和制造水平的一个重要标志。

1. 电子信息技术在无人驾驶中的应用

无人驾驶使用了很多电子信息技术，如计算机技术、传感器技术、通信技术等，其中无人驾驶的关键技术有环境感知技术、导航定位技术、路径规划技术、决策控制技术。

（1）环境感知技术。环境感知是实现无人驾驶的首要条件。环境感知好比人的眼睛和耳朵，无人驾驶利用环境感知技术获取环境信息数据，是行为决策的基础。环境感知包含两个方面：一是外部环境感知，二是无人驾驶汽车自己的位置姿态感知。外部环境感知包括车辆行驶时周边的人、汽车、建筑、路标等，对这些环境的感知需要使用很多传感器，如激光传感器、超声波传感器、视觉传感器等。在行驶过程中，为了全面准确地感知外部环境，需要多种传感器交叉使用，有效集成各种传感器的功能，可以帮助汽车获得丰富的环境信息，这是无人驾驶汽车的安全保障。

（2）导航定位技术。车辆定位是利用高精度导航定位实现的，首先其可以确定车辆位置，其次可以为车辆提供路径规划。汽车导航分为自主导航和网络导航两种。

除了定位辅助之外，自主导航无须其他外部帮助就可实现导航。在车辆的存储系统中存储着地理空间数据，其计算在车辆内完成。但是自主导航有其自身的缺点，因其计算资源有限，所以计算能力差，不能为车辆提供实时准确的导航服务。

网络导航是利用移动通信技术通过交通信息中心进行信息交换，实现车辆导航的技术。无人驾驶车辆相当于一个移动设备，通过连接移动通信网与连接于 Internet 的 Web GIS 服务器连接，其地图存储和计算在服务器内完成。

网络导航相比自主导航有很多优势，如其不受存储容量的限制，而且具有很强的计算能力，可以形成车联网。车联网可以建立车与车、车与道路、车辆与互联网、人与车之间的互通互联，可以实现智能化交通、智能交通信息传输。移动通信技术是车联网的基础，其中5G技术具有低时延、高速率传输的优点，因此，基于车联网的自动驾驶技术离不开5G技术。

（3）路径规划技术。路径规划是无人驾驶的重要项目，是连接无人驾驶汽车信息感知和智能控制的桥梁，是实现无人驾驶的基础。路径规划的主要任务是，在充满障碍物的环境中，规划一条无触碰路径。

路径规划分为两种：一是全局路径规划，二是局部路径规划。全局路径规划是在地图基础上规划一条可行、最优的全局路径。局部路径规划是在全局规划的基础上，利用传感器技术获取行驶中的环境信息并做出相应行驶规划。

（4）决策控制技术。决策控制系统相当于人的大脑，对传感器获取的信息进行分析处理并做出相应决策，对车辆进行控制。决策控制技术包括很多技术，其中有强化学习、神经网络、模糊推理等。

总的来说，无人驾驶的实现需要三大系统和九项关键技术，三大系统为环境感知、控制模块、执行模块，九项关键技术为雷达摄像、位置预估、全球定位系统、车联网、自适应巡航、稳定性控制、车道保持、自动转向、自动驻车，如图4-9所示。

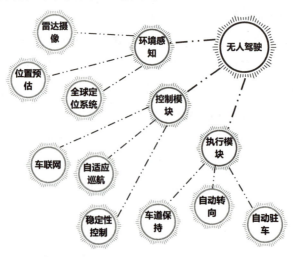

图4-9　无人驾驶的三大系统和九项技术

2. 无人驾驶汽车发展

无人驾驶汽车研究开始于 20 世纪 70 年代，率先由美国、德国、英国等发达国家历经多年研究和实践取得突破性进展。中国无人驾驶汽车研究相比欧美发达国家起步较晚。1989 年，国防科技大学研制出了中国首台智能小车。1992 年，国防科技大学研制出了中国首台真正意义上的无人驾驶汽车，该无人驾驶汽车由一辆面包车改装而成，该车安装了车载计算机、各种传感器和液压控制系统，其功能相比现在的无人驾驶汽车较为简单，但这是中国无人驾驶汽车研究的重大突破。随后中国不断加大无人驾驶汽车的研发力度，经过多年努力，国防科技大学研制出了新一代无人驾驶汽车，其中有红旗旗舰 CA7460 无人驾驶汽车、红旗 HQ3 无人驾驶汽车等。2011 年，红旗 HQ3 无人驾驶汽车开始在高速公路上进行无人驾驶测试。该测试从长沙开始，目的地是武汉，全程 286 km，这标志着中国无人驾驶汽车进入实测阶段。

除了红旗汽车外，中国很多汽车厂商也在不断研发无人驾驶汽车，并取得了不错的成果，研发成果如表 4-2 所示。

表 4-2　中国主要汽车厂商无人驾驶汽车研究进展

厂商	研发进展
一汽	红旗 HQ3 无人驾驶汽车由国防科技大学研制，是中国无人驾驶汽车的重要研发成果；2011 年从长沙上高速，目的地为武汉，全程 286 km，平均时速 87 km/h，完成自动超车 67 次。一汽的目标为到 2025 年 50％车型实现高度无人驾驶
上汽	2013 年上汽与中国航天科工集团第三研究院签署战略合作协议，计划未来 10 年实现全路况无人驾驶
奇瑞	2013 年，奇瑞和武汉大学合作研发无人驾驶汽车，研发出"Smart V"无人驾驶汽车
百度	2013 年开始无人驾驶汽车研发。2015 年，百度宣布研发的无人驾驶汽车实现在城市、环路和高速公路混合路况下的无人驾驶。2017 年，百度和博世公司达成战略合作，开发高精度实时自动驾驶定位系统

续表

厂商	研发进展
京东	2016 年，京东宣布自主研发的首台无人配送车进入道路测试阶段，当年 10 月开始试运行
长安汽车	2016 年展示试制车，2020 年实现产业化应用
东风汽车	与华为达成合作研发无人驾驶汽车

4.3.2　电子信息技术在智能家居中的应用

智能家居（smart home，home automation）以住宅为平台，利用综合布线技术、网络通信技术、安全防范技术、自动控制技术、音视频技术将家居生活有关的设施集成，构建高效的住宅设施与家庭日程事务的管理系统，提升家居安全性、便利性、舒适性、艺术性，并实现环保节能的居住环境[①]。

智能家居是利用互联网技术实现物物相连的体现。智能家居利用物联网技术把家里各种设备连接在一起，这些设备包括照明系统、网络家电、窗帘控制、影音服务器、空调控制、数字影院系统、安防系统、音视频等。智能家居可以实现多种功能，如家电控制、暖通控制、照明控制、环境监测、电话远程控制、防盗报警、室内外遥控等。

与普通家居相比，智能家居不仅可以实现传统家居功能，还兼备建筑设备自动化、网络通信、信息家电等功能，可实现全方位的信息交互，同时也可降低家居生活成本。

1. 智能家居的功能

（1）智能家居的主要子系统。智能家居的主要子系统有家居照明控制系统、家庭安防系统、家居布线系统、家庭网络与背景音乐系统、家庭环境控制系统和家庭影院与多媒体系统，如图 4-10 所示。

---

① 焦李成，刘若辰，慕彩红. 简明人工智能 [M]. 西安：西安电子科技大学出版社，2019.

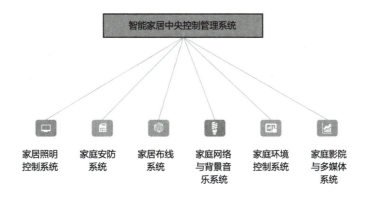

图 4-10　智能家居的主要子系统

（2）智能家居可以实现的功能。利用物联网技术，智能家居可以提供以下服务：

①在线网络服务。在与互联网连接的情况下，可以为家庭办公提供便利。

②危险防范和预警。智能家居中的安全防范系统可以对非法闯入、煤气泄漏、火灾、紧急呼叫进行监控，一旦出现危险情况，系统会发出警报，并做出相应处理，如启动或关闭相应设备，从而实现危险防范和预警。

③远程智能控制。利用手机可以远程对照明设备、空调等电器进行自动控制。

④交互式智能控制。用户可以利用语音对智能家电进行控制，利用温度传感器、声音传感器、动作传感器等实现智能家居的响应控制。

⑤家庭娱乐。利用背景音乐系统和家庭影院系统在家听音乐或观看电影。

⑥环境自动智能控制。利用家庭中央空调系统，可以自动调整室内温度。

⑦打造智能化厨卫环境。可以利用手机和肢体动作控制智能马桶，厨房抽油烟机可根据油烟大小自动调整抽油烟机排烟工作。

⑧家庭信息服务。可实现家庭信息管理，足不出户和物业公司联系。

⑨自动维护功能。智能家电可通过互联网自动下载更新驱动程序和诊断程序，可实现故障自我检测和新功能的自动拓展。

2.智能家居的主流技术

终端用户对智能家居的使用需求不同且具有个性化的特点，这就导致智能家居的技术路线和标准众多，没有统一的技术标准，总的来说，其主流技术有总线技术类、电力线载波通信技术和无线通信技术类三种，如图4-11所示。

图4-11　智能家居的主流技术

4.3.3　电子信息技术在智能医疗中的应用

智能医疗首先要建立健康档案信息平台，然后再利用物联网技术，把患者和医院、医生、医疗设备、医疗机构联系起来实现信息化。在未来，医疗行业将使用更多的人工智能、传感器技术，使医疗实现真正的智能化，进而推动医疗行业的发展。

人工智能技术的不断发展和使用，使得医疗领域向着更加智能的方向发展。近些年，人工智能在医疗领域发挥了重要作用，被应用到辅助治疗、药物开发、疾病预测、医疗影像辅助诊疗等方面。

人工智能应用到辅助治疗方面，可以有效提高医护人员的工作效率，提高医生的诊疗能力。例如：在电子病历制作方面，可以使用语音技术进行录入；在医疗图像方面，使用智能影像识别技术可以实现自动读片；在诊疗系统方面，利用人工智能技术和大数据可以构建辅助诊疗系统。

人工智能应用到疾病预测方面，可以使用大数据技术对疫情进行检测，可以有效减缓疫情的进一步扩散。以流行感冒为例，很多国家法律规定，当发现新型流感病毒时必须上报疾控中心或预防中心，但是流感患者有可能没在第一时间就诊；此外，流感信息传输到疾病控制中心需要一定的时间，这就导致信息有一定的滞后性。但是利用人工智能技术监测疫情可以有效地缩短相应时间，帮助疾控中心在短时间内控制疫情。

在医疗影像辅助诊疗方面，影像读取系统是人工智能发展的产物。早些年的影像读取系统存在很多缺点，如需要的时间较长、临床应用难度大等。现在的影像读取系统可以对医学影像特征进行提取和分析，为患者和医生的诊疗提供科学依据，这在很大程度上简化了人工智能技术的应用流程，节约了人工成本。

1. 智能医疗设备

（1）智能血压计。智能血压计有三种，分别是 Wi-Fi 血压计、蓝牙血压计、GPRS 血压计。

Wi-Fi 血压计可利用 Wi-Fi 网络将检测信息直接传送到云端，不需要用手机操作，不需要通信费用。

蓝牙血压计内装有蓝牙模块，可以将检测信息发送到手机，手机将检测信息传送至云端。蓝牙血压计的优点是不需要有线连接和网络就可以将信息发送到手机；其缺点是需要手机操作，对于一些人群使用不太便利。

GPRS 血压计可以利用移动通信网络将检测信息直接传送到云端，使用便捷，检测信息可随时随地进行传输。

（2）理疗仪。理疗器械大多使用远红外线、音频脉冲、红外线、高低频、热疗、磁疗来进行保健治疗。当人身体某个部位如颈椎、腰、肩膀等不舒服的时候，可以在家借助理疗仪进行保健治疗，方便快捷，是一种辅助的保健治疗方式。

（3）智能手环。智能手环属于一种智能可穿戴设备。利用手环，可以监测运动、睡眠、饮食等信息，这些信息也可与手机、平板电脑等移动终端同步，指导人们健康生活。智能手环可以记录行走步数、热量消耗等。此外，智能手环还可以和手机无线连接，实现接打电话、社交信息发送、设置闹钟等功能。

（4）智能体脂秤。智能体脂秤可以获取人的体重、脂肪、肌肉含量等数据，智能分析身体数据，对人们的生活习惯和身体状况进行指导。智能体脂秤利用智能对象识别技术，可以满足家庭中各个年龄段成员的使用需求。

2.智能医疗系统

智能医疗系统由三部分组成，其中包括智能医院系统、区域卫生系统和家庭健康系统。

（1）智能医院系统。智能医院系统是在利用无线传感器网络技术的基础上，利用各种传感器和路由器实现医院智能化管理的系统。智能医院由智能病房、智能手术室和智能导航三部分组成。

智能病房可以针对一些患者进行远程监测，通过监测可以实时掌握患者病情，并提供诊疗服务。智能病房设置有全覆盖的传感网络，可以远程监测到患者的呼吸、心率、血压等生理指标，无须人工对患者进行检查，可降低医院的人力成本。医院可利用智能诊疗设备监测重症患者的各项身体指标，如脉搏、血压、心率等。

智能手术室需要用到先进的技术和相关系统，如通信技术、机器人系统、人类工程学设计。机器人系统可根据医生的指令进行相关操作，机器人可以为医生提供精准的内窥定位和清晰的手术视野，为医生精准手术提供支持。智能手术室配有电视监控器，利用电视监控器可与外界建立联系和进行交流，外科医生和病理学家可看到患者的病患情况。此外，智能手术室也可以使远距离手术变为现实。

（2）区域卫生系统。区域卫生系统是一个负责收集、处理、传输人员活动密集区域重要信息的卫生平台，它由公共区域的传感器节点和分站点组成。传感器节点的任务是信息采集，分站点的任务是信息的处理、预警和发送。由于区域卫生系统管理的范围较大、距离较远，可以选择树形拓扑结构作为区域传感器网络结构。树形拓扑结构具有几个方面优点：一是成本较低，扩充灵活方便；二是寻找链路路径方便，网络维护简单。因此，树形拓扑结构用于大型区域传感网络布置，可以应对人口密集的公共场所的突发状况。

（3）家庭健康系统。家庭健康系统可以实现智能远程健康监测。这需要在患者家设置传感器网络，患者根据病情佩戴相应的生理指标的无线传感器节点，从而实现家庭健康系统对患者的生理指标进行实时监测。此外，可把监测到的数据利用互联网或移动通信网络传送至医院。

4.3.4　电子信息技术在网络信息安全方面的应用

随着电子信息技术和智能互联网的发展与应用，人们进入信息化社会，使得人工智能依赖于信息安全传输和信息系统的安全稳定运行。在人工智能应用的背景下，网络成为人们获取信息的重要来源。人工智能的应用需要庞大的数据库，其汇聚的数据更加庞大、数据内容更加丰富。因此，人工智能的数据库已成为黑客攻击的主要对象。

当前，智能无人驾驶系统逐渐普及和得到广泛应用。在无人驾驶系统运行中，对车辆视觉系统展开攻击已经成为威胁无人驾驶完全的问题之一。哪怕细小的攻击都有可能让无人驾驶系统把一个物体看成另一个物体，甚至有可能对物体视而不见，酿成惨烈的交通事故。没有安全，智能无人驾驶就没有未来。

当前，智能工厂已成为人工智能应用的重要领域。智能工厂的安全运行需要一系列电子信息技术作为保障。一个智能工厂的安全体系建设和规划需要满足以下几种条件。

1. 网络安全

网络安全的主要任务是保障智能工厂各系统之间的通信安全。智能工厂系统在运行中要考虑系统网络的安全，选择带有集成安全控制功能的控制系统。

2.部署入侵检测系统

部署入侵检测系统可以控制病毒入侵和蔓延导致的网络通信异常，便于网络管理人员对网络进行维护。

网络安全问题对于智能工厂来说是一项不可预测的风险。因此，网络安全对于智能工厂的安全运行至关重要，是智能工厂安全高效运行的基本条件。

此外，我国出台了保障人工智能网络安全的相关政策。2017 年 12 月，工业和信息化部印发了《促进新一代人工智能产业发展三年行动计划（2018～2020）》，对于一些人工智能应用的重要领域，如智能互联网汽车、智能家居等，提出要开展漏洞挖掘、应急处置、安全测试、威胁预警、供给检测等安全技术的攻关，进而推动人工智能安全应用，并指出要加快漏洞库、风险库等共享资源建设。该文件提出人工智能产业发展的目标是到 2020 年，完善人工智能网络安全产业布局，形成人工智能安全防控体系框架，初步建成具备人工智能安全态势感知、测试评估、威胁信息共享以及应急处置等基本能力的安全保障平台。

保障信息安全是电子信息技术在人工智能领域的重要研究方向。在人工智能应用开发方面，电子信息技术可以提供安全存储和安全传输服务，为各种设备间信息传输和共享提供安全支持。在信息和数据传输过程中，可以利用电子信息技术的加密功能，对传输的信息和数据进行加密处理，从而保障信息和数据的安全传输。此外，利用电子信息技术可以在智能设备传输数据时进行安全解析，识别信息中的安全隐患，保障智能设备的安全和稳定运行。

4.3.5　电子信息技术在信息资源共享方面的应用

人工智能的应用呈现集成化、批量化特点，应用时需要用到信息资源共享。人工智能在应用时通常需要多台智能设备同时运行，智能设备之间能否实现信息资源实时共享，决定了智能化行为能否同步和设备之间协同工作，从而也会影响智能设备的工作效率。电子信息技术在批量化、集约化信息管理方面具有较大优势，为人工智能信息资源共享提供了良好条件。

目前来看，人工智能被广泛应用于各领域，并呈现无限发展的趋势。在信息化时代背景下，数据处理能力是人工智能的重要能力之一。信息资源共享技术和人工智能技术相结合，可以提升人工智能信息处理的能力，使信息资源能够得到最大限度的利用。在信息采集方面，电子信息技术和人工智能技术都存在一定的局限性，两者结合后会打破这些局限。对于用户来说，如果想要获得某方面的信息，只需要在人工智能软件内输入需要的信息，就可实现信息的获取。从某种意义上来说，用户具有三种身份：一是信息的传播者，二是信息的发布者，三是信息的采集者。用户彼此间利用人工智能软件来实现信息资源的分享和互换。

4.3.6　电子信息技术在软硬件升级方面的应用

软硬件是人工智能的基础条件之一，人工智能的发展需要软硬件的不断升级。目前，人工智能产品更新迭代较快，软硬件升级的目的是满足人们不断提高的智能化需求。

在软硬件升级方面，电子信息技术主要负责各种参数信息的获取和模型的建设与修改。例如，在软件升级之前，负责升级的人员先利用电子信息技术构建相应的升级模型，然后对升级后模型运行情况进行模拟演示，掌握软件升级后的信息，从而提升软件升级的有效性和针对性。和软件升级一样，电子信息技术可以为人工智能硬件的选择提供相应的硬件参数，使硬件设备能够满足人工智能设备的需要。

4.3.7　电子信息技术在信息采集及处理方面的应用

在人工智能运行中，智能行为的实现依靠相应信息来进行行为分析、判断和决策。这就需要利用电子信息技术对信息进行可靠、连续的传输。

在人工智能运行过程中，传感器分布在智能设备的各个位置，负责收集各种参数信息，并将信息传送至数据处理中心进行分析和处理，生成相应指令发送给智能设备，智能设备做出相应的行为。

电子信息技术在信息采集和处理方面具有很大优势，可以满足智能设备运行中对信息的需求，使设备不停地接收各种信息，从而完成智能化行为。

第 5 章　电子信息技术在物联网领域的实践与应用

5.1　物联网的发展

5.1.1　物联网的含义、特征和分类

1. 物联网的含义

物联网技术属于电子信息技术。物联网的英文名字是 Internet of Things，简称 IOT，也可称为 Web of Things。1999 年，美国麻省理工学院建立了 Auto-ID（自动识别中心），并首次提出了"物联网"概念，即采用 RFID 等信息传感设备把物品和互联网连接起来，实现智能化识别和管理。物联网的基础是 RFID、电子代码（EPC）等技术。物联网含义包含两个方面：一是互联网是物联网的核心和基础，物联网是在互联网基础上延伸和扩展的网络；二是说明用户端延伸和拓展到了所有物体与物体之间，并进行信息交换和通信。

目前，对于物联网的定义存在很大争议，世界各个地区和组织对物联网的定义都有自己的观点和看法，因此，没有一个定义被广泛认可和接受。

2010 年，时任国务院总理温家宝同志在十一届全国人大三次会议上的政府工作报告中给物联网做了以下定义：物联网是指通过信息传感设备，按照约定的协议，把任何物品与互联网连接起来，进行信息交换和通信，以实现智能化识别、定位、跟踪和管理的一种网络。它是在互联网基础上延伸和扩展的网络。

中国物联网校企联盟对物联网的定义为，当下所有的技术与计算机、互联网技术的结合，实现物体与物体之间环境以及状态信息的实时共享以及智能化的收集、传递、处理、执行。简单来说，当下涉及的信息技术及应用，都属于物联网范畴。

国际电信联盟在 2005 年发布的互联网报告中对物联网的定义为，利

用信息传感设备，如二维码识别设备、射频识别装置、红外感应器、全球定位系统，按约定的协议，把所有物品和互联网结合起来，进行通信和信息交换，从而实现智能化识别、跟踪、定位、管理和监控的一种网络。

基于传感网中国科学院对物联网的定义为，随机分布的集成传感器、数据处理单元和通信单元的微小节点，通过一定的组织和通信方式构成的网络，是传感网，也叫作物联网。

基于射频识别技术的电子代码给物联网的定义为，物联网的基础是互联网，在这个基础上，利用无线数据通信、射频识别等技术，构造一个可以覆盖万物的"Internet of Things"。在这个网络中，物品和物品之间可以进行"交流"，不需要人的干预。

欧盟对物联网的定义为，将现在所有的互联的计算机网络扩展到互联的物品网络。

对于物联网的定义可以通过物联网概念模型进行理解，如图 5-1 所示。

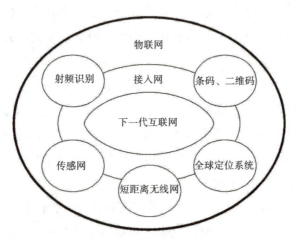

图 5-1　物联网概念模型

对于物联网，各国家和组织给出了不同的定义，这些定义虽然没有一个统一的共识，没有形成标准定义，但是对于物联网的定义可以从两个方面进行理解：一是技术层面，二是应用层面。

（1）技术层面。物联网技术的基础是感应装置和互联网技术，物联网是通过感应装置把信息或数据通过互联网传输到相应的信息处理中心，最终实现物品与物品、人与物品的自动化信息交互与处理的智能网络。

（2）应用层面。物联网把现有的所有物品连接起来并纳入一个网络，从而形成"物联网"，然后把物联网和互联网连接起来，从而实现人与物品系统的整合，达到以更加精细和动态的方式去管理生产及生活的目的。

要理解物联网的含义，就要先理解物联网中"物"的含义。并不是所有物品都可以纳入物联网，纳入物联网的"物"要满足有数据传输通路和 CPU、有一定的存储功能、有操作系统、有专门的应用程序、遵循物联网通信协议和有可识别的唯一编号的要求，如图 5-2 所示。

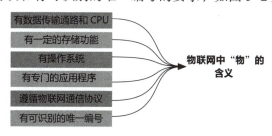

图 5-2　物联网中"物"的含义

2. 物联网的特征

物联网的特征有三方面，包括全面感知、可靠传递、智能处理。

（1）全面感知。通过使用 RFID 设备、传感器、二维码等，可以在任何时间、任何地点获取物品的信息。

（2）可靠传递。信息或数据传输系统通过无线网络和互联网的融合把物品信息实时、准确地传递给协议目标。

（3）智能处理。智能处理是利用计算技术，如云计算技术、大数据技术、人工智能算法，对接收到的海量实时数据进行分析处理，从而实现智能化决策和控制。

3. 物联网的分类

物联网按照用途不同可分为以下几类。

（1）私有物联网。该类型物联网一般面向单一机构，仅供内部使用，网络维护工作由机构或者第三方机构完成。该类型物联网主要存在于机构内部内网中，也可以存在于机构外部。

（2）共用物联网。在互联网基础上，共用物联网面向数量较多的大众用户并提供服务。该类型网络主要由机构来进行维护和管理，也有委托第三方的情况，但是较少。

（3）社区物联网。社区物联网向一个相关联的"社区"或机构提供服务，如市政府下属的公安局、环保局、城管局等。

（4）混合物联网。上面讲到的两种或两种以上物联网的结合，该类型网络后台有统一管理实体。

5.1.2 物联网与互联网的关系

从物联网的定义来看，物联网和互联网有着很大的不同。互联网建立的是任何时间、任何地点、任何人之间的连接，物联网是从互联网扩展到任何时间、任何地点物与物、人与物之间的沟通连接。这些连接也是物联网服务的特点，如图 5-3 所示。因此，物联网和互联网的关系包含三个方面。

（1）物联网的基础是互联网，它和互联网不是独立分开的，它也不是完全新建的网络。物联网采用的是互联网通信协议，使用互联网的基础设施。

（2）物联网利用 RFID 等技术让物品接入互联网，其连接和交互是基于互联网的，这些交互包括人与人之间的交互、物与物之间的交互、人与物之间的交互。

（3）互联网的应用主要面向人，如人与人联系中用到的邮件、SNS、微博等；而物联网在互联网面向人的基础上增加了面向"物"的应用，

也就是建立了"人"与"物"的联系。通过对比可以清楚地理解两者的
关系，如表 5-1 所示。

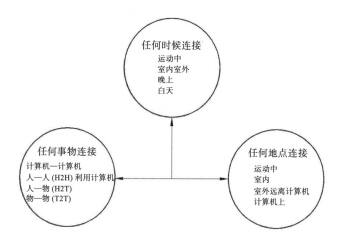

图 5-3　物联网服务的特点

表 5-1　物联网和互联网的对比

项目	互联网	物联网
起源	计算机技术的诞生 技术传播速度加快	传感技术的发展 云计算的诞生
面向的对象	人	人和物
发展过程	从技术研究到人类的技术共享使用	芯片多技术平台应用过程
使用者	人	人和物
核心技术	操作系统和语言开发	芯片技术开发和标准制定
创新空间	内容和体验创新	技术改变生活，想象可以变成科技，让物品变得智能
技术手段	网络协议，Web 2.0	数据采集，传输介质，后台计算

5.1.3 物联网的发展历程

物联网的概念是 1999 年在美国召开的移动计算机和网络国际会议上，由麻省理工学院凯文·阿什顿（Kevin Ashton）提出的，其理念是利用 RFID、EPC 等技术，在互联网基础上，构造出一个实现全球物品信息实时共享的实物互联网"Internet of Things"，简称物联网。

2003 年，美国《技术评论》提出传感网络技术是未来影响和改变人们生活的十大技术之首。

2005 年 11 月，国际电信联盟（ITU）发布了关于物联网的报告——《ITU 互联网报告 2005：物联网》，该报告指出，"物联网"通信时代即将到来，物联网将渗透到人们生活的各个角落，世界上所有的物品，小到一个牙刷、纸巾和轮胎，大到房屋，都可以通过互联网主动进行信息交互，RFID 技术、智能嵌入式技术、传感器技术、纳米技术的应用将更加广泛。该报告的发布，使物联网的定义和范围比之前有了很大的拓展，物联网不再仅是在 RFID 基础上的物联网。

2008 年，世界各国为了促进科学技术和经济的发展，开始进行下一代技术规划，世界各国都把目光集中在物联网上。

2008 年，国际商业机器公司（IBM）提出了"智慧地球"的理念。该理念认为"智慧地球"是"互联网＋物联网"，并建议美国政府建设智慧型基础设施，以此来促进经济发展。

2009 年 2 月，在 IBM 论坛上，IBM 大中华区发布了"智慧地球"的最新策略。IBM 对未来 IT 产业发展的观点是，下一阶段 IT 产业的任务是在各个行业中使用最新的 IT 技术，如在电网、油气管道、铁路、大坝、桥梁、供水系统等行业使用传感器技术相互连接，从而形成物联网。IBM 还认为，在基础设施建设中采用"智慧"理念，既可以在短时间内促进经济增长，提高就业率，也可以在短期内为中国打造一个成熟的智慧基础设施平台。IBM 希望通过"智慧地球"策略能在"互联网"浪潮后掀起一次新的科技产业革命。

2009 年 8 月，时任国务院总理温家宝同志视察了中科院无锡物联网产业研究院，对物联网提出了一些看法和要求。物联网被国家当作五大新型战略产业之一，并写入政府工作报告。

2011 年 11 月 28 日，工业和信息化部印发了《物联网"十二五"发展规划》。

2013 年 2 月 17 日，国务院发布了《国务院关于推进物联网有序健康发展的指导意见》。在这期间，物联网受到了中国各个领域和行业的关注，并取得了快速发展。

5.1.4　国外物联网发展概况

目前，国外对物联网的研究和应用主要集中在少数几个国家，其中包括美国、欧洲部分国家、日本、韩国。

1. 美国

美国是最早研究和应用物联网的国家之一，也是物联网技术的先导。美国《科学时报》报道显示，马萨诸塞州剑桥城在美国国家自然科学基金会的资助下，于 2007 年开始打造全球首个全域无线传感网。2008 年 11 月，IBM 提出"智慧地球"概念后，美国开始重视物联网的研发和发展，并将发展物联网提升到国家战略层面，把"物联网"当作经济增长的武器，引起了世界各国的广泛关注。在美国国内，工商界高度关注物联网产业，他们认为"智慧地球"在未来有望成为又一个"信息高速公路"计划，从而引起世界范围内的轰动。

2. 欧洲部分国家

在物联网发展方面，欧盟制定了"欧洲行动计划"，该计划科学规划了物联网未来发展路线。2006 年，欧盟成立了工作组对 RFID 进行技术研究，并在 2008 年发布了《2020 年的物联网——未来路线》。

2009 年 6 月，欧盟委员会发布了《物联网——欧洲行动计划》，计划包括监管、隐私保护、芯片、基础设施保护、标准修改、技术研发等 14 项物联网框架内容。该计划的发布为欧盟物联网发展及重点研究领域指明了方向，确保了欧洲在物联网研发和应用领域的主导地位。

2009 年 10 月，欧盟委员会发布了物联网战略，这些政策已经上升到国家政策的层面。该战略提出在互联网基础上建设智能基础设施，并确保其领先全球；在资金支持方面，通过 ICT 研发计划投资 4 亿欧元，开始对 90 多个项目展开研发，以提高网络智能化水平。另外，欧盟委员会在 2011 ～ 2013 年，每年增加 2 亿欧元增强物联网研发力度，还拿出 3 亿欧元专款支持物联网相关公私合作短期项目建设。

欧洲智能系统集成技术平台（EPoSS）在其报告 *Internrt of Things in 2020* 中预测，未来物联网将经历四个发展阶段，如图 5-4 所示。

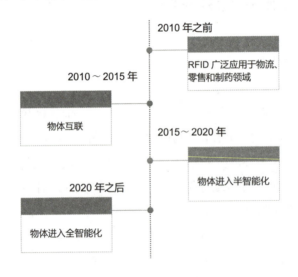

图 5-4 EPoSS 对物联网发展的预测

3. 日本

2008 年，日本提出了"u-Japan × ICT"政策，该政策涉及三个领域，其中包括"产业 × ICT"、"地区 × ICT"和"生活（人）× ICT"。

2009 年 7 月，日本颁布了新一代信息化战略——"i-Japan"战略。同年 8 月，日本把"u-Japan"升级为"i-Japan"战略，并提出"智慧泛在"设想，把传感网列为国家重点发展战略之一，确保日本在信息化时代的国家竞争力处于世界第一阵营。

4. 韩国

韩国从 1997 年开始陆续出台了一系列促进国家信息化建设的政策，其中包括 RFID 先导计划、RFID 全面推动计划、USN 领域测试计划等。为了实现 U 化社会的愿望，韩国政府支持相关基础设施建设和核心产业技术发展，其中就包括 RFID/USN。

2006 年，韩国确立了"u-Korea"战略，还制定了"IT839 战略"，支持泛在网建设。"u-Korea"战略的愿景是建设无所不在的社会，即在民众生活中建设智能型网络和新型技术应用，如数字多媒体广播（DMB）、车载信息服务、RFID 等，使民众在任何时间、任何地点都可以享受科技智慧服务。除此之外，韩国政府希望通过扶持 IT 产业发展新兴应用技术，加强产业优势和国家竞争力。

2009 年 10 月，韩国通信委员会出台了《物联网基础设施构建基本规划》，把物联网当作新的经济增长点和动力。该计划提出，2012 年要实现的目标为打造未来广播通信融合领域超一流信息通信技术强国，并确定了构建物联网基础设施、发展物联网服务、研发物联网技术、营造物联网扩散环境 4 大领域 12 项详细课题。

除了以上国家之外，新加坡、澳大利亚等国也在不同时期部署了物联网经济发展战略，加快推动下一代网络基础设施建设的步伐。

5.2　物联网的体系架构

物联网的体系架构可分为三层，其中包括感知层、网络层、应用层，如图 5-5 所示。

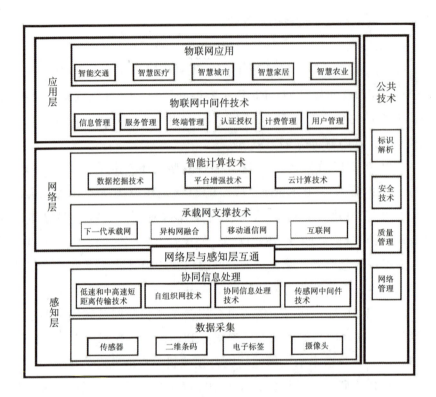

图 5-5　物联网体系架构图

　　如何理解物联网的体系架构呢？可以把物联网比作人，感知层相当于人的眼睛、耳朵、鼻子和皮肤，眼睛可以看到环境的变化，耳朵可以听到声音，皮肤可以感知温度的变化，鼻子可以闻到味道。所以感知层是用来获取信息和数据的。

　　网络层相当于人的中枢神经和大脑，用来处理和传递感知层获取的信息与数据。网络层包括通信与互联网的融合网络、网格管理中心和信息处理中心。

　　应用层相当于人的"社会分工"，把物联网和各行各业连接起来实现智能化。应用层是物联网和各行业的深度融合。

5.2.1　感知层

物联网体系架构分为三层，感知层是这三层中的最底层，也是物联网应用和发展的基础层。感知层的核心是具有全面感知的能力。虽然感知层是三层中的最底层，但是对于物联网有很重要的意义，没有感知层，网络层和应用层将形同虚设。

物联网在传统互联网的基础上，扩大和延伸了连接对象的范围，不像互联网一样仅是建立了人和人之间的联系，还建立了人和世界所有物品的联系与通信。感知层就是获取人类社会和物理世界联系中的信息和数据的层面。

感知层主要有两个功能：一是识别物体，二是采集信息。识别物体包括识别物体的物理量、标识信息和多媒体数据等。感知层采集信息所用的装置包括各种传感器、二维码、条形码、电子标签、摄像头等。基于感知层的应用有电子不停车收费系统、仓储管理系统等。

感知层的功能不仅有识别物体和采集信息与数据，还有短距离传输。感知层主要通过标识信息来识别物体和采集数据，在这个过程中会用到两种技术：一是自动识别技术，二是传感器技术。信息的短距离传输技术有很多种，其中有无线传感器网络技术、蓝牙技术、红外技术、ZigBee 技术等，这些技术负责把终端装置采集的信息进行短距离传输，并负责将信息在终端装置和网关之间进行双向传送。

感知层在完成数据采集后还要进行协同信息处理，这就需要很多关键技术来完成，这些技术包括短距离数据传输技术、传感器中间件技术、自组织网技术、协同信息处理技术等。这些技术能够通过各类集成化微型传感器的协作而实时监测，感知和采集各种环境或监测对象的信息，并通过随机自组织无线通信网络把采集的信息传输到接入层的基站节点和接入网关，最终到达用户终端。

5.2.2　网络层

网络层的主要功能是对感知层采集的信息进行传输和处理，这是实现物联网功能的重要基础之一。在物联网服务过程中，要求网络层能够高可靠、无障碍、安全地把感知层采集的信息传送出去。网络层还要能够进行数据的存储、查询、分析、挖掘、理解和决策，这就需要承载网支撑技术和智能计算机技术来实现。承载网支撑技术包括移动通信网技术、互联网技术、异构网络融合技术和下一代承载网技术等。智能计算机技术比较重要，利用这些技术可以在不同应用中对海量数据进行处理和分析，它是网络层的重要组成部分，也是应用层能实现众多应用的基础。

网络层可分为两级，即接入网和核心网。

接入网被称为"最后一公里"，它包括骨干网和用户终端之间的所有设备，其长度可达几百米甚至几千米。传统的接入网一般采用铜缆来为用户提供语音和数据服务。随着网络的发展，出现了很多新的接入网技术，如同轴接入技术、无线接入技术、光纤接入技术、电力网接入技术。物联网要实现未来各种信息化应用，就要在接入层面不断创新多种异构网的融合与协同工作。

核心网是指除了接入网和用户驻地网之外的网络部分，是基于 IP 的统一、高性能、可扩展的分组网络，可以支持异构接入和移动性接入，目前应用较为广泛的核心网有互联网和移动通信网。其中，互联网是物联网的基础和重要组成部分，移动通信网可以发挥其全面、高速、多元化、实时、高覆盖率的优势。

5.2.3　应用层

应用层的主要任务是满足各行业的需求，实现各行业的广泛智能化。物联网研究和发展的主要目的是将物联网应用于各个行业，解放人力，改变人们生活和提高生产效率。应用层是物联网和各行业的深度融合，也是人、组织等系统和物联网的接口，更是结合各行业需求，实现各行业的智能化和物联网的智能应用。物联网的应用大体可分为监控型、查询型、控制型和扫描型四种类型，如图 5-6 所示。

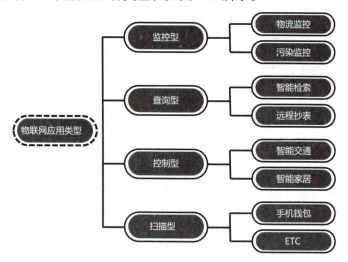

图 5-6　物联网的应用类型

应用层使用了数据库、海量信息存储、搜索引擎、数据中心和数据挖掘等关键技术，如图 5-7 所示。

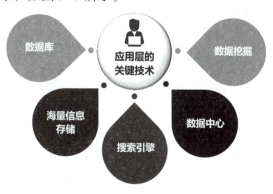

图 5-7　应用层使用的关键技术

1. 数据库

物联网数据具有海量性、多态性、关联性和语义性的特点。为了满足这些要求，物联网使用的是新兴数据库和关系数据库系统。关系数据库系统是一种比较常见的成熟的数据处理技术，因此，在物联网中被广泛应用，为物联网的运行提供了数据处理技术支撑。

2. 海量信息存储

早期的海量信息存储采用的是大型服务器，处理模式以服务器为中心，采用直连存储方式，存储设备如磁盘阵列、磁带库、光盘库等作为服务器外设使用。随着电子信息技术的发展，服务器之间交换数据或向磁盘库等存储设备备份时，都可以通过局域网进行，主要以应用网络附加存储技术来实现网络存储，但是这种技术存在很大的缺点：占用大量的网络开销，影响网络的整体性能。为了能够共享大容量、高速度存储设备，并且不占用局域网的海量信息传输和备份，需要使用专业存储区域网络。

3. 搜索引擎

Web 搜索引擎是一个综合体，它的主要作用是能够在合理响应时间内，根据用户查询的关键词，返回一个包含相关信息的结果列表。传统的 Web 搜索引擎是基于关键词的查询，对于相同的关键词，会得到相同的查询结果。而物联网时代的搜索引擎能够主动识别物体并提取有用信息，结合从用户角度出发的多模态信息利用，使查询结果更精确、智能及定制化。

4. 数据中心

数据中心包括计算机系统和配套设备、冗余的数据通信连接、环境控制设备、监控设备及安全装置等，可以提供及时、持续的数据服务，并具有高度的安全性和可靠性，为物联网应用提供良好的支持。

5. 数据挖掘

物联网需要对海量的数据进行更透彻的感知，要求对海量数据进行多维度整合与分析。更深入的智能化既需要具有普适性的数据搜索和服务，也需要从大量数据中获取潜在的、有用的且易于理解的模式，其基本类型有关联分析、聚类分析、演化分析等。这些需求都以数据挖掘技术为手段。数据挖掘技术可以用于农业实时监测环境数据，发现影响产量的重要因素，获得产量最大化配置方式。该技术同样可用于市场营销，可以通过数据库行销等方式获取顾客购物意向和兴趣所在。

5.3　物联网关键技术

物联网关键技术包含自动识别技术、空间信息技术、传感器技术、无线网络技术、中间件技术、云计算技术等，如图 5-8 所示。

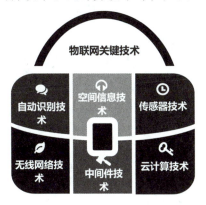

图 5-8　物联网关键技术

5.3.1　自动识别技术

自动识别技术是利用识别装置，自动获取被识别物品的相关信息，把信息传送给计算机处理系统，从而完成相关工作的一种技术。例如，商场超市使用的条码扫描系统就应用了自动识别技术，服务员通过扫描商品的条形码就可以获得商品的价格、名称，输入数量后，后台 POS 系统就可计算出商品价格，从而完成结算。结算时可以使用银行卡支付，银行卡支付也是自动识别技术的一种应用。

自动识别技术的基础是计算机技术和通信技术，它是一种综合性科学技术，可以自动实现信息数据识别和读取，并自动输入计算机，简言之，自动识别技术是一种自动化的信息和数据采集技术。

自动识别技术的识别对象包含两种：一种是"无生命"识别对象，即物品；另一种是"有生命"识别对象，即人。针对物品的识别技术有条码技术、RFID技术、智能卡技术等；针对人的识别技术有人脸识别技术、指纹识别技术、声音识别技术等。自动识别技术的分类如图5-9所示。

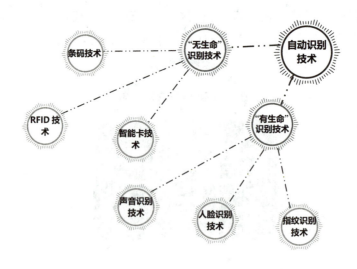

图5-9　自动识别技术的分类

1."无生命"识别技术

"无生命"识别技术包含条码识别技术、智能卡技术、RFID技术。

（1）条码识别技术。条码识别技术包含一维条码技术和二维条码技术。

一维条码技术是20世纪70年代产生的技术，是一种传统的自动识别技术。该技术虽然已产生多年，但是至今仍在世界范围内广泛应用。

随着条码技术应用领域的拓展，条码技术迎来了创新发展期，主要运用于商业贸易、物流、电子商务等领域，在这些领域发挥着很重要的作用。

二维条码技术是在一维条码技术基础上产生的一种自动识别技术。和一维条码技术相比，该技术有更大的信息容量和密度，具有中英文字符显示及纠错的功能，其功能要优于一维条码技术。

（2）智能卡技术。智能卡技术顾名思义，就是利用智能卡来进行自动标识，智能卡相当于一个"集成电路卡"。智能卡技术最大的特点是有独立的运算和存储功能，所以智能卡可以很好地与计算机结合，便于信息的采集、传输、管理。智能卡技术比较适合应用于物流领域，如进行货运车辆识别、物品身份追踪与验证。

（3）RFID 技术。RFID 技术有别于其他识别技术，它可以使用无接触式方法来识别信息和符号，即通过无线电信号识别特定目标并读取相关数据，不需要识别系统和被识别对象之间建立机械或光学接触。

从概念上来讲，RFID 类似于条码扫描。对于条码识别技术而言，它是将已编码的条形码附着于目标物，并使用专用的扫描读写器，利用光信号将信息由条形磁传送到扫描读写器；而 RFID 技术则使用专用的 RFID 读写器及专门的可附着于目标物的 RFID 标签，利用频率信号将信息由 RFID 标签传送至 RFID 读写器。

2．"有生命"识别技术

"有生命"识别技术包含声音识别技术、人脸识别技术和指纹识别技术。

（1）声音识别技术。声音识别技术是一种不需要接触的识别技术，很容易被用户接受。这种技术通过声音发布指令来完成数据的采集，其最大的优点是不使用手和眼睛，比较适合手脚并用的工作场合。目前，声音识别技术发展迅速，在很多领域得到了广泛应用，如手机语音识别、机器人语音识别。

（2）人脸识别技术。每个人都有不同于他人的面部特征，人脸识别就是利用这种特征差异来进行身份识别的技术。目前人脸识别是一个热门的计算机技术研究领域，包括人脸追踪侦测、夜间红外侦测、自动调整曝光强度、自动调整影像放大等技术。目前，该技术已应用于移动通信行业。

（3）指纹识别技术。指纹识别技术和人脸识别技术有相似的地方，都是利用人们生物特征的不同来进行身份识别。指纹是人们手指末端形成的凹凸不平的纹线。指纹的特征点有起点、终点、结合点和分叉点。指纹具有终身不变性、唯一性和方便性，是人重要的生物特征之一。指纹识别就是利用指纹的不同来进行自动识别。

一般来说，在一个信息系统中，数据的自动采集或识别完成了系统的原始数据的采集工作，这个过程和人工数据输入相比，具有速度快、错误率低、效率高、简单的优点，这就为计算机信息处理提供了快速、准确地进行数据采集输入的有效手段。所以，自动识别技术是一种创新技术，被广泛应用于各行各业。

一个完整的自动识别计算机管理系统包括自动识别系统（AIS）、应用程序接口（API）或者中间件和应用系统软件。简单来说，自动识别系统负责完成信息的采集和存储工作；应用系统软件负责处理自动识别系统采集的数据；应用程序接口软件则提供自动识别系统和应用系统软件之间的通信接口，将自动识别系统采集的数据信息转换成应用软件系统可以识别和利用的信息，并进行数据传递。

5.3.2　空间信息技术

空间信息技术的英文名称是 Spatial Information Technology，它是 20 世纪 60 年代兴起的一种新技术，20 世纪 70 年代中期以后在我国发展迅速。空间信息技术主要包括 3S 等理论与技术，同时结合计算机技术和通信技术，进行空间数据的采集、管理、显示、传播、测量、分析、存储和应用等。空间信息技术也可称为"地球空间信息科学"。空间信息技术包含遥感技术（RS）、地理信息系统技术（GIS）和全球定位系统（GPS）技术，如图 5-10 所示。

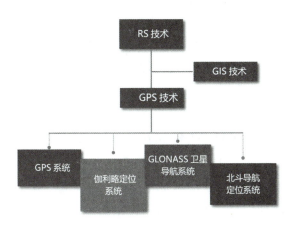

图 5-10　空间信息技术包含的技术

1.RS 技术

RS 技术是从高空或外层空间接收来自地面物体的电磁信号，并对这些物体信息进行扫描、摄影、传输和处理，从而在高空探测和识别地面物体的现代综合技术。简单来说，RS 技术是一种空间信息采集和分析技术，可以为 GIS 技术等应用提供支持。

2.GIS 技术

GIS 技术是一种用于管理地理信息的计算机软件系统，它可以把地理信息分门别类，实现分级分层管理地理信息；也可以把各种地理信息进行组合、分析、再组合、再分析等；还具有查询、更新、检索、输出、修改等功能。

此外，GIS 技术具有"可视化"功能，该功能可以把各种信息逼真地显示到计算机屏幕。因此，GIS 技术是一种信息可视化的工具，使用者可以直观地看到信息的规律和分析结果，也可以在屏幕上动态监测信息的变化。

3.GPS 技术

广义上来说，GPS 技术包括美国的 GPS 系统、俄罗斯的 GLONASS 卫星导航系统、欧洲的伽利略定位系统和中国的北斗导航系统。

（1）GPS 系统。美国是基于提供两种服务来设计 GPS 的：第一种服务是精密定位服务，利用精码定位，服务面向军方和得到许可的使用者，其定位精度在 10 m 以内；第二种服务是标准定位服务，利用粗码定位，服务面向民用和商用。目前民用 GPS 定位精度可达 25 m，测速精度 0.1 m/s，授时精度 200 ns。

GPS 技术作为民用和军用的系统，在世界范围内得到广泛应用。在军事方面，GPS 技术是自动化指挥系统和先进武器系统的一项基础技术。在民用方面，GPS 技术广泛应用于各个行业和领域。例如，在交通运输方面，应用于陆地运输、海洋运输、民用航空；此外还在通信、娱乐、测绘、家电、建筑、医疗、采矿、电力系统、农业、科研等领域得到广泛应用。

（2）GLONASS 卫星导航系统。该系统是由俄罗斯政府运作的。GLONASS 卫星导航系统由三部分组成，其中包括卫星、地面测控站和用户设备。该系统由 24 颗卫星组成，其中 21 颗是工作卫星，3 颗为备用卫星。2006 年，GLONASS 卫星导航系统卫星数量达到 17 颗，2012年卫星数量达到 30 颗。它可以提供全球定位导航服务，其在覆盖范围上不仅可以覆盖地球表面，也覆盖了地球的近地空间，定位精度可达 1 m 左右。

（3）伽利略定位系统。伽利略定位系统是由欧盟建设的卫星定位系统，被称为"欧洲版 GPS"，它是继美国 GPS 系统和俄罗斯 GLONASS 卫星导航系统之后，第三个可民用的定位系统。伽利略定位系统可提供导航、定位和授时服务。

伽利略定位系统使用的是中高度圆轨道卫星定位方案。该系统原计划于 2007 年底建成，2008 年投入使用，共发射 30 颗卫星，其中工作卫星 27 颗，候补卫星 3 颗，卫星轨道高度为 24 126 km。伽利略定位系统除了 30 颗中高度圆轨道卫星外，还设有 2 个地面控制中心。

（4）北斗导航定位系统。2000 年，2 颗北斗导航卫星发射成功，标志着我国第一代卫星导航定位系统诞生。2012 年底，北斗导航定位系统在轨卫星达到 16 颗，此时的北斗导航定位系统具备了区域导航、定位和授时功能。

2013 年，北斗导航定位系统保持连续稳定运行，性能有所提高。其使用情况表明，系统服务性能达到 10 m 指标要求，部分地区性能优于指标要求。例如，在北京、乌鲁木齐等地区，定位精度可达 7 m 左右，在东盟国家定位精度可达 5 m 左右。

2019 年 9 月，北斗导航定位系统在轨卫星已达 39 颗。2020 年 6 月 23 日，北斗导航定位系统最后一颗卫星发射成功，北斗导航定位系统发展计划比原计划提前半年完成。2020 年 7 月 31 日北斗卫星导航系统正式开通。

北斗卫星导航系统由三部分组成：空间段、地面段、用户段。空间段包括 35 颗卫星，其中 30 颗为非静止轨道卫星，5 颗为静止轨道卫星。地面段由主控站、注入站和监测站组成。北斗导航定位系统可以提供全天候 24 h 定位服务，授时精度可达数 10 ns 的同步精度，三维定位精度为几十米，授时精度约 10 ns。在汶川抗震救灾中，北斗导航定位系统发挥了重要作用，地震后汶川通信中断，救灾部队携带北斗导航定位系统陆续发回各种救灾信息。

综上所述，通过 GPS 技术可以获取车辆位置信息，GPS 技术结合 GIS 技术可以实现对运输车辆和货物的追踪管理。此外，在物流规划方面，GIS 技术既可以提供全面、准确的基础数据，也可以预测分析货物流量、流向和变化，使物流规划更加精准。随着物联网的发展，空间信息技术在物流领域将发挥更大的作用，为物流行业提供科学的决策依据，实现决策的可视化，促进物流行业科学化管理和信息化发展。

5.3.3　传感器技术

在物联网中，传感器主要负责获取物品信息和数据。传感器技术是从自然信源获取信息，并对获取的信息进行识别、处理、变换的一门学科。该学科涉及很多方面，因此传感器技术是一项多学科交叉的现代学科与工程技术。传感器技术涉及传感器、信息处理和识别的规划设计、开发、制造、测试、应用及评价改进活动等内容。

在物联网中，终端是由各种传感器组成的，用来感知获取环境和物品的信息。简单来说，传感器是一种检测装置，它可以感受到被感知对象的各种信息，可以按照一定规律将其转换成电信号或其他形式的信号进行输出，并可以实现信息的传输、存储、处理、显示等要求。传感器技术是实现自动检测和自动控制的第一个环节，对实现物联网功能非常重要。

随着电子信息技术的不断发展和进步，传感器已经渗入人们生活的各个角落，如使用温度传感器的家电有冰箱、空调、微波炉，电视使用了红外传感器，录像机使用了光电传感器，汽车使用了速度、压力、流量等多种传感器。

在物联网中，传感器就是对各种物品和各种参数进行信息采集和处理的设备。传感器既可以单独使用，也可以嵌入其他设备中一体式呈现。但无论是哪种方式，传感器都是物联网中感知和输入的重要部分。

在物联网中，传感器被用来采集和处理各种数据信息，并将信息传送到物联网终端。例如，使用 RFID 可以识别物品，通过 GPS 可以获取物品的位置信息，利用环境传感器可以获取环境的温度湿度信息。

传感器有很多种类，针对同一种被测量对象，可以使用多种传感器来测量，测量原理一样的传感器可以测量很多种物理量，如机械量、热工量、物性参量、状态参量等，具体分为速度、加速度，位移力量，温度、热量，流量、液位，浓度、黏度，比重、酸碱度，裂缝、泄漏，缺陷、磨损等，如图 5-11 所示。

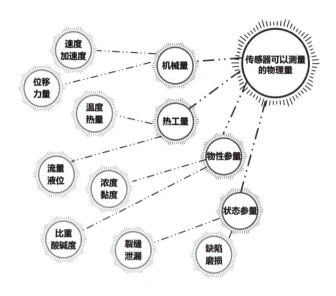

图 5-11　传感器可以测量的物理量

（1）按测量原理分类。按照此分类标准，传感器可分为电阻式、电感式、电容式、压电式、光电式、磁电式、光纤式、激光式、超声波式，如图 5-12 所示。

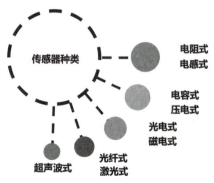

图 5-12　传感器种类（按测量原理分类）

（2）按作用形式分类。传感器按照作用形式可分为主动型传感器和被动型传感器。主动型传感器又可分为作用型和反作用型。这种传感器在检测时能发出一定的探测信号，可以检测到探测信号在被测对象中产生的变化。作用型传感器的典型实例有无线电频率和雷达，反作用型传感器的典型实例有光声效应分析装置和激光分析器。被动型传感器仅接收被检测对象自身产生的信号，被动型传感器的典型实例有红外温度计和红外摄像装置。

（3）按输出信号分类。按照此分类标准传感器可分为模拟传感器、数字传感器、膺数字传感器和开关传感器，如图 5-13 所示。

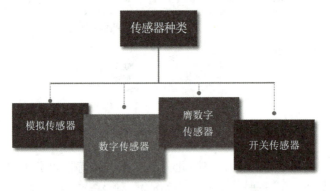

图 5-13　传感器分类（按输出信号分类）

5.3.4　无线网络技术

物联网建立的是人与物、物与物之间的联系，这些联系需要高速、能进行大量数据传输的无线网络。无线网络技术不仅包括远距离无线连接的全球语音和数据网络技术，也包括近距离传输的蓝牙技术、超宽带技术、Wi-Fi 技术和 ZigBee 技术等。物联网连接的物品丰富多样，所以涉及的网络技术也有很多种，如无线网络、有线网络，短距离网络、长距离网络，也有共用网络和私有网络。大体来说，物联网一般用到蓝牙技术、ZigBee 技术、Wi-Fi 技术、超宽带（UWB）技术和无线网络技术，如图 5-14 所示。

图 5-14　物联网使用的无线通信网络技术

1. 蓝牙技术

蓝牙技术具有成本低、功率低、可近距离无线连接的特点。蓝牙技术就是通过无线电空中接口，使各种设备产生连接，让不同厂家生产的不同设备之间，在没有电线或电缆连接的情况下实现短距离数据传输和通信的技术。

目前，蓝牙技术应用较为广泛，小到人们生活中的手机、电脑，大到医疗器械、汽车等都用到了蓝牙技术。此外，蓝牙技术操作简单，使用方便，无须烦琐的程序即可建立连接并实现数据传输，使得各种设备连接更加方便、高效。目前，蓝牙技术的应用范围已经扩展到了家电产品、消费电子产品、汽车等产品上。

2.ZigBee 技术

ZigBee 技术是一种短距离无线通信网络技术，它具有低功耗、低成本、低复杂度的特点。该技术主要用于短距离、功耗低、传输效率要求不高的电子设备之间的数据传输。

ZigBee 技术是一种可靠度高的无线通信网络技术，它和 CDMA 和 GSM 相似。ZigBee 技术的数据传输模块相当于一个移动基站，它的通信距离可以达到标准的 75 m，也可以达到几百米甚至几千米，并且可以无限拓展。

ZigBee 技术中的无限通信模块可以形成一个无线数据传输网络平

台。在这个网络平台中，每个网络传输模块之间都可以通信，每个网络节点的距离支持从 75 m 到无限扩展。

ZigBee 技术和移动通信网络有很大不同，它主要应用于工业生产，为工业生产传输数据而建立，因此，它具有简单、传输可靠、成本低、使用方便的特点。移动通信建立的目的主要是实现语音通信，其基站的成本较高，一个基站的成本高达百万元人民币，然而，ZigBee 的一个基站成本在 1 000 元内。

ZigBee 技术具有功耗低、成本低、时延短、网络容量大、可靠和安全的特点，如图 5-15 所示。

图 5-15　ZigBee 技术的特点

（1）功耗低。ZigBee 功耗低的原因是传输速率低，可以使用休眠模式，所以其功耗比较低，比较省电。据有关人士估算，ZigBee 使用两节 5 号电池就可以使用半年到 2 年时间，这个功耗是其他无线通信设备无法企及的。

（2）成本低。ZigBee 模块的成本为 6 美元左右，而且其价格有下降趋势，应该可以降到 2 美元左右。此外，ZigBee 协议是开放专利，不需要专利费。

（3）时延短。其时延短体现在两个方面：一是通信时延短，二是从休眠状态激活时延短。其搜索设备时延为 30 ms，休眠后激活时延为

15 ms，信道接入时延为 15 ms。所以，ZigBee 技术适用于对时延要求较高的领域，如工业生产。

（4）网络容量大。以一个星型结构的 ZigBee 网络为例，其可以容纳 254 个从设备和一个主设备，在一个区域内可同时容纳 100 个 ZigBee 网络，而且网络组成较为灵活。

（5）可靠。ZigBee 技术采用了碰撞避免策略，同时为需要固定带宽的通信业务预留了专用时隙，避开了发送数据的竞争和冲突。MAC 层采用了完全确认的数据传输模式，每个发送的数据包都必须等待接收方的确认信息。如果传输过程中出现问题可以进行重发。

（6）安全。ZigBee 提供了基于循环冗余校验（CRC）的数据包完整性检查功能，支持鉴权和认证，采用了 AES-128 加密算法，各个应用可以灵活确定其安全属性。

3.Wi-Fi 技术

Wi-Fi 是一种可以把个人电脑、移动通信设备（手机、平板电脑）等终端以无线连接的方式实现相互连接的技术。Wi-Fi 技术具有以下优势。

（1）覆盖范围广。蓝牙技术的覆盖范围比较小，仅在直径 15 m 范围内使用，而 Wi-Fi 覆盖半径可达 100 m，不仅可以满足在办公室使用，也可满足在更大空间范围内使用。据悉，Vivato 公司研发了一款新型交换机，该设备可以把 Wi-Fi 的通信距离从 100 m 扩大到 6.5 km。

（2）传输速度快。其传输速度可达 11 Mb/s，可以满足个人和社会的信息化需求。

（3）门槛低，操作简单，成本低。首先是厂商进入该领域的门槛较低，厂商仅需要在人口密集的场所，如商超、火车站、图书馆、酒店等场所设置"热点"，把互联网接入这些场所即可实现无线通信。"热点"发出的电磁波可以覆盖半径数十米至 100 m，在这个覆盖范围内的笔记本电脑、手机、平板电脑等设备即可接入互联网。在这个过程中厂商无须进行网络布线，节省了很大成本。

4. 超宽带（UWB）技术

超宽带技术的英文名字为 Ultre Wida Band，它是一种无线载波通信技术，也就是不采用正弦载波，而是使用纳秒级的非正弦波窄脉冲传输数据，所以其占的频谱范围很宽。因为超宽带技术利用纳秒级的非正弦波窄脉冲发射无线信号，所以其适用于近距离、高速的无线个人通信。

超宽带技术系统相对较为简单，具有发射信号功率谱密度低、定位精度高、对信道衰落不敏感的优点，因此，非常适用于设备密度大的场所。超宽带技术非常适合视频消费娱乐方面的个人无线局域网，这也是超宽带技术的特色之一。

超宽带系统具有两个功能：一是无线通信，二是定位功能。因此，超宽带技术适用于智能交通领域，可以为电子牌照、智能收费、车辆防撞等提供解决方案。超宽带技术也可应用于军事、消防、公安、勘探、医疗等领域，还可应用于智能和传感器环境，包括生产环境、办公环境、生活环境等，可以对人和物品进行检测、识别、控制和通信。

5. 无线网络技术

进入快速发展的信息化时代，无线网络技术因具有快捷高效、组网灵活的优点而发展迅速。广义上来说，无线网络技术包含所有采用无线传输的计算机网络系统，它是在计算机网络和无线通信技术相结合下产生的。有线网络有施工难度大、成本高、耗时长的缺点，无线网络不像有线网络需要设置专用的通信线路，因此，这些年无线网络技术发展迅速。目前，无线网络技术广泛应用于手机、多媒体、家电等领域，无线网络技术拥有很大的发展空间和广阔的发展前景。

无线网络包含很多种，其中有无线局域网、无线城域网、无线个域网、无线广域网、无线传感器网、移动 Ad Hoc 网和无线 Mesh 网。

5.3.5 中间件技术

中间件是物联网应用中重要的软件部件，它是相关硬件设备和业务应用连接的桥梁，主要有以下几个功能，如图 5-16 所示。

图 5-16　中间件的功能

（1）屏蔽异构性。异构性主要表现为计算机的软件和硬件之间的异构性，包括硬件、操作系统、数据库等。产生异构性的原因是市场竞争、技术升级和保护投资等。

（2）实现互操作。在物联网中，采集设备采集的信息要提供给很多个系统，虽然系统不同，但是系统之间的数据需要共享和互通。因为异构性的存在，不同的系统产生的数据结构依赖计算环境，使得各种软件在不同平台之间不能移植，或移植存在很大困难。此外，网络协议和通信机制也存在不同，使得系统之间不能有效地相互集成。利用中间件技术可以建立一个通用平台，就可以实现各应用系统、应用平台之间的互操作。

（3）数据的预处理。物联网中的感知层负责信息的采集，如果把这些信息直接发送到应用系统，那么应用系统将无法处理如此多的信息，会增加应用系统的负担，负担的增大可能会导致应用系统的崩溃。此外，应用系统想要得到的不是原始数据，而是一些对应用系统有用的信息，这就需要中间件对这些海量信息进行筛选和过滤，然后再发给应用层，这些信息对应用层来说是可用的、有意义的。

5.3.6　云计算技术

物联网功能需要云计算技术才能实现。物联网的终端计算能力和存储能力有限，云计算可以实现海量数据的计算和存储，相当于物联网的大脑，因此云计算对物联网非常重要。

云计算是在互联网的基础上相关服务的增加、使用和交付模式。狭义的云计算是 IT 基础设施的交付和使用模式，通过网络以按需求、易扩展的方式获得所需资源；广义的云计算是服务的交付和使用模式，通过网络以按需求、易扩展的方式获得所需服务。

云计算意味着计算能力可以被当作商品利用互联网方式进行销售和购买。把与网络连接的海量计算资源进行统一调度和管理是云计算的核心理念。站在用户的角度来看，"云"中的所有资源可以进行无限扩展，可随时随地进行数据的存储和使用，"云计算"的原则是按需求使用和随时随地扩展。当然，云计算不是免费的，是按照用户的使用来付费的。

云计算的原理是，把计算任务分布在大量的分布式计算机上，而不是分布在本地计算机或远程服务器中，企业数据中心的运行将更类似于互联网。这使得企业能够将资源切换到需要的应用上，根据自身需求访问存储系统和计算机。

5.4 电子信息技术之物联网技术的应用

5.4.1 物联网技术在仓储领域的应用

1. 仓储和智能仓储

仓储是伴随生产活动产生的，有生产活动就需要仓储。因此，仓储对于生产活动非常重要。随着世界各国制造业的快速发展，物流行业也发展迅速，仓储逐渐受到各国和各企业的重视，对仓储理论的研究不断深入，使得仓储不断发展完善，同时仓储也成为一门独立的学科。

仓储活动是指利用仓库来存储和保管物资。在仓储中有三项重要活动：一是入库，二是出库，三是在库盘点。仓储是生产活动外重要的活动之一，它是上下线物流衔接的重要环节。仓储可以使不同地区的消费者和商家在任意时间都可以进行交易，可以保持商品的使用价值，降低流通费用，降低物流成本，提高企业的经济效益。仓储除了上述讲到的三项重要活动外，还包括仓库环境监控。仓库环境监控是仓储中的安全环节，为商品存储的环境安全提供保障。

随着仓储的不断发展，智能仓储诞生。智能仓储是利用自动识别技术对仓储全过程进行管理，它可以使仓储的入库、出库、盘点、环境监测更加规范化；可以使商品快速入库，以便快速找到货物；可以掌握所有商品的保质期和数量，从而可以充分利用仓库存储空间，提高仓库的存储能力，降低库存成本。

2. 智能仓储用到的关键技术

智能仓储用到的关键技术有 RFID 智能出入库管理系统、智能盘点小车、智能环境监控等，其中 RFID 智能出入库管理系统由感知模块、信息读取模块、控制模块组成，如图 5-17 所示。

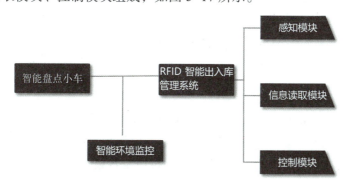

图 5-17　智能仓储用到的关键技术

（1）RFID 智能出入库管理系统。RFID 智能出入库管理系统是使用 RFID 标签、RFID 读写器、计算机、网络等先进技术设备实现智能出入库的管理系统，它可以为仓储提供更高效、更灵活、更强大的管理方法。

RFID 出入库管理系统由三个模块组成：

①感知模块。RFID 标签可以赋予货物一个身份，它也是仓储环节中信息传递的载体。

②信息读取模块。使用 RFID 读写器，可以快速获取物品的信息，利用网络把信息传送到应用层。

③控制模块。信息读取模块把商品信息传送到控制主机，控制主机对获取的信息进行整合和管理，可以实现货物的快速入库、出库、盘点等作业。

智能出入库管理系统的工作原理是在货物入库之前，给该商品赋予一个 RFID 标识，这个标识是唯一的，其他商品不能使用。在货物入库环节中，利用 RFID 读写器识别货物的 RFID 标签实现信息交换。RFID 读写器和 RFID 标签的信息传输有两种方式：一种是电感耦合方式，另一种是电磁反向散射耦合方式。当 RFID 读写器识别到 RFID 标签信息后，RFID 读写器利用网络把货物信息传输到主控系统，主控系统可以获取货物的唯一身份标识。RFID 标签始终贯穿于货物的入库、出库、盘点等作业中，与货物一对一绑定，在仓储活动中可以实现货物的追溯与跟踪。

智能出入库管理系统可以以饼状图形来显示货物的数量，从而实现仓库透明化管理。出库完成后，RFID 标签被摘下，被用到下一批同类货物中，循环使用。

货物出库完成后，仓储工作人员既可以通过 RFID 标签掌握当前货物的存储数量，也可以通过 RFID 标签进行货物追溯；此外，作业信息会存储到系统数据库中，在后期工作中可以进行检索和查询。

（2）智能盘点小车。智能盘点小车由三部分组成：一是供电装置，二是控制装置，三是读写装置。供电装置是小车的动力来源，保证小车在作业时正常运行；控制装置用来控制小车的速度和方向，保证小车可以准确到达指定位置；读写装置是小车到达指定位置后用来获取货物信息的装置，该装置主要用于货物的盘点和获取货物信息，并把信息传送到上位机，供应用者进行数据分析和管理。

（3）智能环境监控。智能环境监控由两部分组成：一是 ZigBee 主节点，二是从节点。智能环境监控通过主节点和从节点的通信来进行信息交互，在环境监控中把从节点的环境信息传送到客户端的环境监测软件，并以直观的图标形式展现给用户；还可以设定环境的上下限值，做到实时获取仓库内的温度和湿度信息；此外，还可以实现自动预警功能，提高仓库的安全性，发挥智能化的优势。

环境监控系统需要在仓库各处设置环境监测从节点，间断性和持续性地对环境进行监测，把监测信息传送到客户端，并把信息保存在数据库中，供仓储管理者使用。

5.4.2　物联网技术在智能运输中的应用

1. 智能运输概述

在物流过程中，货物的运输和配送至关重要。站在流通的角度来看，配送就是把货物通过各种交通工具，从仓库或产地送到客户指定位置的活动。配送的商品既可以从制造商仓库发出，也可以从经销商等中间商仓库发出。配送的目的是在最短的时间内把货物送达目的地。随着经济的快速发展，人们对运输的要求越来越高。一切货物都离不开运输，因此，货物的运输对于经济发展至关重要。

智能运输是利用 GPS 技术、GIS 技术、计算机技术，根据运输要求，制定出一个高效、可靠的运输方案，其中包括运输使用的交通工具、配送设备、货物信息等。

智能运输系统是伴随公路交通运输发展诞生的。随着汽车保有量的增加，人们对公路的使用要求也不断增加，这就不可避免地产生了交通拥堵问题，使得公路运输效率降低。为了解决这个问题，世界各国不断加强道路建设。新建公路需要占用大量土地，投入大量资金，为了提高公路的运输效率，智能运输系统应运而生。智能运输系统的基础是信息技术、通信技术、计算机技术等。20 世纪诞生的高速公路监控系统就是智能交通的开始。随着人们对智能交通的研究，智能交通逐渐贯穿于交通运输的全过程及相关部门，也成为带动整个道路交通运输行业现代化的智能运输系统。

　　智能运输服务范围广泛，其中有交通管理系统、公共交通运营系统、出行信息服务系统、电子收费系统、应急管理系统、商用车辆运营系统、车辆控制系统。智能运输系统简单来说，就是利用先进的电子信息等技术对传统运输系统进行升级，使其形成一种信息化、智能化、社会化的新型运输系统。

　　目前，世界各国对智能运输的理解不尽相同，业内相对公认的含义是，智能运输是利用先进的信息技术、电子控制技术、数据通信技术和计算机技术等，建立起一种实时、高效、准确的运输管理体系，实现交通运输服务和管理的智能化。智能运输具有减少交通阻塞、提高运输安全性、保持交通畅通、提高运输效率、降低交通运输的能耗、减少环境污染、提高经济效益等目标和意义。构建智能运输系统不是靠大规模建设基础设施，而是在现有的交通基础设施的基础上，把先进的通信技术、控制技术、信息技术应用到整个交通系统中，从而实现智能运输的功能和目标。

　　在现代物流配送体系中，智能运输系统的应用受到很大重视，其应用逐渐广泛，在道路运输和城市配送方面发挥了很大作用。例如，人们网购物品后可随时随地获取物品运输信息，也可以在很短的时间内收到商品。智能运输系统利用 GPS 技术、RFID 等技术实现了人们对运输环节的实时掌握，体现了物联网技术带给运输行业的重大改变。

　　2. 智能运输系统关键技术

　　智能运输系统是从客户订单开始的。系统收到客户订单后，对订单进行处理变成配送单，并发给拣货部门。拣货部门开始对对应商品进行打包装箱等操作，并把商品交给运输配送部门进行运输配送，最终商品到达客户手中。总的来说，智能运输系统分为三个部分：一是货物准备，二是货物运输，三是运输监控。货物准备要用到 RFID 标签，货物运输和运输监控要用到 GPS 等物联网技术，对运输车辆进行实时监控，确保运输的安全，最终实现商品流通全过程的流畅和安全可靠。

智能运输系统一般用到以下关键技术：

（1）订单快速处理和可视化库存管理技术。客户订单生成后，智能运输系统要及时响应，并制订相应的配送计划。在技术上使用 Web 信息共享技术实现订单的快速传递与响应；在库存管理上利用 RFID 技术实时掌握商品库存情况，并进行管理，保证库存信息的准确性。

（2）贴标系统，即标签信息绑定系统。在配送准备阶段，需要对商品进行贴标处理，就是利用 EPC 绑定功能将商品的 EPC 与包装箱的 EPC 及托盘编码进行绑定，再利用 RFID 读写器完成包装 EPC 绑定操作及车辆 EPC 的识别与绑定。

在配送阶段使用的设备有超高频 RFID 标签、RFID 读写器、手持 RFID 读写器等。

（3）车辆定位系统。车辆定位系统用到了 GPS 技术和 GIS 技术。在智能运输上利用 GIS 技术，可以直观地看到车辆的位置；通过 GPS 技术，可以获取车辆的空间坐标信息。智能运输系统的使用者和客户都可以查询物品的运输状态。

（4）车辆状态监控系统。利用无线传感器技术可以监控运输途中车辆的各种信息。例如：在车厢内设置温度传感器，可以实时检测车厢内温度；在车胎上设置胎压传感器，可以实时检测胎压的变化；利用 ZigBee 技术，可以把车辆的各种信息传送到车载终端；利用 GPRS 技术，可以把车辆的各种信息传送到网络服务器，即可实现对车辆状态的监控。

智能运输系统用到的物联网硬件设备有车载 GPS 终端、RFID 读写器和 ZigBee 节点。

5.4.3　物联网技术在交通中的应用

1. 物联网技术在智能交通领域的应用

智能交通系统（ITS）是以电子信息技术为基础，使用先进的传感器技术、通信技术、自动控制技术和计算机技术，实现对交通的实时控制与管理的系统。其中交通信息采集系统是智能交通系统的关键子系统，它是智能交通的基础，也是实现智能交通的前提。目前，无论是交通管理和控制，还是交通违章管理，都需要信息的采集。所以，智能交通系统的首要任务是交通信息的采集。

目前，智能交通系统的应用已经有了很多成功案例，如高速公路不停车收费系统（ETC）、停车场自动识别收费系统、车辆自动称重系统、城市汽车环保检测系统、公交车站车辆进出站管理系统等。

目前，RFID技术已经广泛应用到公路交通的管理领域，其大致的工作过程为：读卡器利用天线发射数据波信号到RFID汽车标签，从而激活标签的发射天线工作区域，标签则发射带有车辆信息的载波信号，接收天线接收到载波信号，经读卡器处理后，提取出车辆信息并发送到计算机完成自动识别，从而实现车辆的自动化管理。通过RFID技术可以获取车流量信息、分析车型、获取车辆位置等，实现对高速公路的综合管理。

2. 停车场管理

随着汽车工业的发展和人们生活水平的提高，我国的汽车保有量大幅增长，尤其在一些经济较发达的城市，交通拥堵和停车难问题制约着城市建设及经济发展。

中国城市的停车场按用途可分为三类：一是配建停车场，二是路边公共停车场，三是路面停车场。配建停车场是建筑的基础配套设施，在停车场中占有重要地位；路边公共停车场具有三个特点，一是经营性，二是开放型，三是集合性，在整体停车场中占辅助地位；路面停车场具有方便性、临时性的特点，在停车场中起到补充和辅助作用。

（1）RFID技术在停车场管理上的应用。把RFID技术应用到停车场管理中，可以打造出现代化的智能停车场。目前，RFID技术已经应用到停车场的入口、出口、车位管理和停车收费中，使停车场的管理更加高效，同时也为客户提供了方便和周到的服务。

RFID技术在停车场中应用的意义有降低成本，提高效率；安全性高；收费公正合理；抗环境影响能力强；系统扩展性强。如图5-18所示。

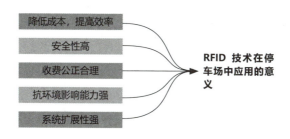

图 5-18　RFID 技术在停车场中应用的意义

（2）RFID 技术在智能车位管理中的应用。在车位管理中，利用 RFID 技术可以实现车位的智能管理，其由两部分组成：一是停车场车位管理子系统，二是互联网车位信息发布查询系统。

①停车场车位管理子系统将电子标签作为核心管理媒介，包括入口检测、出口检测、控制系统、定位引导系统、控制系统和电子地图定位等。入口检测、控制系统和出口检测系统共用一台计算机，通过计算机上配置的管理软件进行管理。

②互联网车位信息发布查询系统。互联网车位信息发布查询系统把全城的停车场位置及数量输入互联网管理平台，可进行有效的管理。该系统目前已研发成功，具有以下优点：一是缩短驾驶员寻找停车位的时间；二是减少寻找车位的行驶车辆数量，缓解周边交通压力，提高道路交通运输效率，节约能源，减少排放。

5.4.4　物联网技术在医院中的应用

物联网将各种传感器，如 RFID 设备、全球定位系统、红外感应器等装置嵌入各种物品中，再接入互联网或者局域网，利用网络把各种物品以信息的形式展现出来，使物品和物品之间可以进行信息交互，不需要人的参与，最终实现人与物的识别、定位及操控。

医院是重要的医疗机构，和其他机构相比具有很多特殊性，具有人员多且流动性大、物品种类多、内部功能区域多、设备精密昂贵等特点。这就使得医院对物联网有很大的需求。医院使用物联网技术可以在复杂环境下高效地对人员和物品进行管理，也可使人们就医更加高效便利。

1. 物资管理

（1）药品管理。据世界卫生组织数据显示，世界范围内假药比例超过了 10％，每年假药销售额高达 320 亿元。据中国药学会数据显示，每年有 20 万人因用药不当和用错药死亡，物联网技术的应用可以极大地减少这些问题的发生。

RFID 标签对于物品来说具有唯一性，可以进行信息查询，具有防伪打假的功能。RFID 标签应用到药品的生产、运输、流通和使用全过程中，可以对药品进行全方位的监控。例如，药品出厂时生产线上的信息读取器可以自动识别每盒药品的信息，并把这些信息传送至数据库，可以在流通过程中记录相关信息，实施全过程监控。

在分辨药物真假时，患者或医院可以对 RFID 标签进行查询，很容易分辨药物的真假。例如，因药物发生了医疗事故，通过 RFID 标签可以对药品的原材料、产地、生产、运输、存储、销售等环节进行查询，实施对药品的全过程追溯，找出问题所在，减少或终止医疗事故的发生；同时也可查询到同批次药品的流向，进行停运或召回，可以避免医疗事故不良影响的扩大。

对于一些对运输和存储环境有要求的药品，可以在运输和存储环境中安装温度、湿度传感器。传感器可以实时检测环境信息，并将数据传输到管理中心，在温度或湿度不达标时可以发出警报，或者自动调节环境的温度和湿度。

在药品仓储管理中，药品在出入库时利用 RFID 设备读取 RFID 标签，可以获取药品的名称、生产企业、数量、生产日期等信息，并将信息传送到数据库，使存储管理者实时掌握药品库存情况。例如，药品即将缺货时，可设置自动缺货提醒，使药品仓储管理更加规范化、高效化。

对于一些国家管制类药品，如吗啡，利用 RFID 技术可以使这类药品在规范范围内流通使用，如果超出使用范围会进行报警处理，这就使管制类药品的管理和使用更加规范。

（2）设备管理。医院中的医疗器械种类繁多、数量庞大，管理起来有一定难度。如果在每一个医疗器械上贴上 RFID 标签，利用 RFID 技术进行管理，将会让管理更加简单。例如，一场手术要用到很多医疗器械，在手术室安装 RFID 设备，就可以轻松对手术器械进行管理，避免一些因医疗器械而产生的医疗事故；手术结束后，在放置时利用 RFID 设备可以确定哪些器械是使用过的，要进行消毒处理，也可确定哪些是医疗垃圾，如果放置错误则自动报警，避免因误放器械产生医疗事故。我国在 2007 年已经建立了植入性医疗器械与患者直接关联的追溯系统，系统使用 GS1 标准标识医疗器械，这在全国很多地区广泛应用。

（3）医疗垃圾管理。医疗垃圾管理的目的是防止因医疗垃圾产生环境污染和疾病传染，避免医疗垃圾的非法处理。物联网技术的应用可以为医疗垃圾处理提供快速、准确的服务。利用物联网中 RFID 技术可以建立医疗垃圾可追踪系统，实现医疗垃圾运输处理过程的全监控。

2. 信息管理

物联网在医院医疗信息管理中有很好的发展前景。物联网技术可以应用在诊断、治疗、监护、信息共享等方面。具体应用有以下几个方面，如图 5-19 所示。

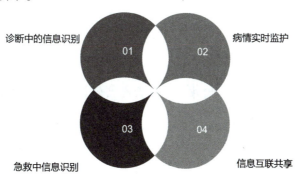

图 5-19　物联网在医疗信息管理中的应用

（1）诊断中的信息识别。在患者住院或门诊治疗时，医生和护士查房都需要携带一定数量的病历本，并以手写的方式记录医嘱信息。这样效率相对不高，在录入和识别医嘱信息时容易产生一些误差。利用物联网技术，可以把患者的既往病史、检查记录、检查结果、治疗记录、药物过敏等信息汇总后建立健康档案，并连接到物联网，医护人员只需要携带一个 PDA，在连接无线网的情况下，扫描患者 RFID 标签，就可以全面地了解患者的各种健康信息，使患者得到及时、准确的诊疗，提高医护人员的工作效率。

（2）病情实时监护。利用无线视频实时监控系统，医护人员可以对病房进行实时监控，使医生和患者家属实时掌握患者的治疗和健康情况。把检测患者生命体征的设备和监控系统进行连接，监控系统会自动提醒护士做相关医护工作，患者和医生可以通过计算机及手机实时掌握患者病情的相关信息。

（3）急救中信息识别。在一些突发事故中，一些人员需要紧急救治，在这种情况下，无法了解被救助人员的各种信息，如家属联系方式、年龄等。此时，利用 RFID 技术，扫描被救助者的 RFID 标签，即可获得被救者的年龄、姓名、血型、家属信息、既往病史等信息，为救助节约宝贵时间。目前该技术已在一些发达国家被应用。

（4）信息互联共享。把患者的各种诊疗信息上传至互联网，可以建立一个各医院和各社区门诊之间互联互通的医疗网络。医生在授权后可以查看患者的病历、患病史和保险等各种信息，患者也可以了解各医院、门诊、医生的各种信息。此外，在患者需要转诊的情况下，患者信息可以在各医院之间互联共享，降低患者的治疗费用，使医疗资源被最大限度地利用。

3. 人员管理

医院具有人员多、流动性大的特点，因此对医院内人员的管理是保证医院安全的重要措施，利用物联网技术可以实现对新生儿、员工和无关人员及特殊患者的管理，如图 5-20 所示。

图 5-20　物联网在医院人员管理中的应用

（1）新生儿管理。利用物联网技术可以识别新生儿身份，既可以防止新生儿被抱错，也可防止新生儿被盗。新生儿出生后，医院会为其及母亲戴上带有 RFID 标识的腕带。在新生儿护理过程中，如打针、洗澡、早产儿护理、喂奶时，护士需要使用 RFID 读写器扫描腕带确认身份信息，以防止新生儿抱错等事故发生。

（2）特殊患者管理。在一些特殊病患的护理中，患者的定位非常重要，如精神病人、儿童、老人、传染病人、危重病人等。利用带有 RFID 标识的腕带，可以实现移动护理和患者定位，例如在一些传染病区，利用带传感器的 RFID 可以对患者体温进行检测，从而避免医护人员与患者的直接接触，防止传染病的扩散和蔓延。近些年，老人走失的情况比较多，利用 RFID 标签，可以识别老人的家庭住址、家属信息、联系电话等信息，可以很大程度上避免老人走失情况的发生。

（3）员工和无关人员管理。医院具有人员多、流动性大的特点，因此对员工的管理非常重要。利用 RFID 技术可以对员工身份进行识别，对员工进行定位，结合通道权限，来增强医院的安全性。此外，也可防止一些无关人员进入医院重要场所，避免无关人员随意出入带来的安全隐患，也可保护医院的各种医疗设备。

5.4.5 物联网技术在销售中的应用——以智能超市为例

1.智能超市概述

智能超市系统是利用 RFID 技术、数据库管理技术、计算机通信网络技术而形成的无人化、智能化超市经营管理工具。该系统具有很多优点，如效率高、成本低、管理先进、服务优良等。智能超市采用 RFID 技术，不需要人工对每一件商品进行扫描，可以节省大量人力；同时不需要长时间排队结账，从而提高了工作效率。扫描商品时，射频信号可以穿透衣服和箱包，因此 RFID 技术可以避免超市商品被盗。

智能超市的每一件商品都贴有 RFID 标签，标签内包含产品的价格、商品编码等信息。当 RFID 读取器扫描商品时，即可把商品的信息显示给工作人员和顾客。RFID 读取器采用的是防碰撞算法，可以无遗漏地识别多个商品标签。所以，智能超市和传统超市相比，可以在多个方面降低成本，如库存管理、物流配送、销售管理等方面；也可以提高供货商的反应效率，给顾客带来全新的、高效率的购物体验。

目前，很多超市已经开始试运行以 RFID 技术为基础的智能销售系统。近几年，很多公司意识到 RFID 技术有广阔的应用前景，都在不断地加大研发力度，投入了大量的人力、物力，相信 RFID 技术在智能超市中的应用将更加完善。

2.智能超市销售系统的关键技术和原理

基于 RFID 技术的智能超市系统可以应用到超市销售的全过程中，比如顾客智能选取商品、顾客自助结算、商品自动监控、自动提示补货等。智能超市销售系统由智能购物车、智能收银台和智能货架三个系统组成，如图 5-21 所示。

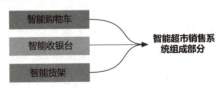

图 5-21　智能超市销售系统的组成部分

（1）智能购物车。智能购物车是利用 RFID 技术实现智能化超市的重要工具之一，具有以下几种功能。

①可识别顾客身份信息，可显示顾客购物信息，可识别顾客购买商品信息。

②可查询信息，通过查询可以获得商品生产信息、配送信息、原材料供应信息、商品促销打折信息。

③无人快速结账。超市出口设有 RFID 读写器，因每件商品都有 RFID 标签，加入购物车后，在经过超市出口时 RFID 读写器会自动识别商品，并实现快速结账。

④商品位置定位。使用智能货架信息交互，可以获取商品位置信息，顾客利用导航可快速找到需要购买的商品。

（2）智能收银台。智能收银系统需要用到两种技术：一是高频 RFID 技术，二是无线网络技术。该系统利用高频 RFID 技术读取顾客购买商品的 RFID 标签，从而实现智能结算。智能收银台系统由多种设备和系统组成，其中包括一体式超高频读写器、超高频 RFID 读写器、上位机和管理系统。

智能收银台可以识别顾客的身份信息，可以显示顾客的历史购物信息，可以识别商品的 RFID 标签，同时可以支持两种结算方式：一是智能购物车结算，二是普通读取结算。在智能收银系统中不仅可以完成商品结算，还可以通过监控实现商品防盗。

（3）智能货架。智能货架系统需要用到三种技术：一是 RFID 技术，二是无线通信技术，三是传感技术。智能货架系统通过识别货物的 RFID 标签，既可以实现准确、快速的智能化存储，也可实现货物智能盘点。智能货架系统不仅可用在智能超市，也可用在其他行业，如图书管理、资产管理、档案管理等。利用智能货架可以实现库存管理的智能化、自动化和科学化，减少因库存资产管理不当带来的资产丢失或闲置情况的发生，从而提高管理效率和服务能力。

智能货架有四种功能：一是商品实时监控；二是记录商品离开、放置时间和商品放置状态；三是在库存不足的情况下，利用网络自动把补货信息发送至仓库管理服务器；四是感知环境状态，在环境不适合物品存放时进行报警处理。

　　智能货架可设置触摸屏设备，利用触摸屏设备顾客可以搜索和查看商品信息，触摸屏设备也可为顾客提供导购服务。智能货架也可模拟传统超市的前台进行商品展示，也可进行实时监控，与智能拣货小车和收银台共同完成智能购物环节。

第6章　电子信息技术在工业和农业领域的实践与应用

6.1　工业及工业革命

6.1.1　工业的含义

工业在不同国家有着不同的含义。在西方一些国家，一般根据克拉克的"三分法"定义：将所有从自然界取得物质资源的社会生产归为一个部门，包括农业、林业、水产业和采掘业等，称为第一产业；将对第一产业的产品进行加工和再加工的社会生产归为一个部门，包括所有的加工制造业，称为第二产业；除第一产业和第二产业以外的所有非物质的劳务部门，包括运输业、商业、金融、公务及家务劳动等，称为第三产业[①]。这些国家对工业没有明确的定义，只有产业的概念。工业通常是第二产业。各个国家由于生产情况不同，社会分工不同，以及人们对于产业结构的认识不同，因此对产业结构的分类也不相同。根据人们生产活动的顺序和行业性质，从我国的国情出发，国家统计局参考其他国家三大产业分类法，对我国三大产业进行了划分：农业是第一产业，工业和建筑业是第二产业，第一、第二产业之外所有行业是第三产业，如表 6-1 所示。

表6-1　中国三大产业的划分

三大产业		包含的部门和行业
第一产业	农业	种植业、林业、牧业、副业、渔业
第二产业	工业	制造业、电力、采掘业、自来水、蒸汽、热水、煤气等
	建筑业	勘察、设计、房屋建筑和其他构筑物的施工及维修

---

① 于秀娟. 工业与生态 [M]. 北京：化学工业出版社，2003.

续表

三大产业		包含的部门和行业
第三产业	流通部门	交通运输业、邮电通信业、商业、饮食业、物资供销和仓储业等
	服务部门	为生产和生活服务的部门（金融、旅游、保险、房地产、普查、地质等）； 为提高科学文化水平和居民素质服务的部门（文教、福利、卫生、体育、广电等）； 为社会公共服务的部门（国家和党政机关、军队和警察、社会团体等）

工业不是自人类社会产生就有的，而是随着人类社会的不断发展和生产力的提高逐渐发展起来的。农业是第一产业，也是最早诞生的产业。工业是从农业中分离出来并发展起来的产业。在早期，工业以手工业的形式存在。资本主义诞生后，工业逐渐发展为机器大工业形式，这也是人们平时所说的工业。瓦特发明蒸汽机和蒸汽机的使用标志着机器大工业的开始，工业成为一个独立的社会物质生产部门。

工业的雏形是手工作坊，进入资本主义时期后，商品经济发展迅速，自然经济逐步衰落。商品经济的发展促进了生产力和科学技术的快速发展，这就引起了产业结构和社会分工的变革。第一次工业革命后，机器代替了人工，从而产生了很多新的工业部门，如机器制造、钢铁、煤炭、铁路运输、纺织。在这个时期，工业发展超过了农业，成为社会生产的主要部门，并逐步实现了工业化。

工业的快速发展促进了为生产服务的行业的诞生和发展。第二次世界大战以后，为生产服务的行业逐渐发展成为独立的产业部门，这就是随农业和工业之后诞生的第三产业。第三产业的诞生并非偶然，而是随着人类社会生产力的发展、社会生产需求的扩大而诞生的。

一方面，随着生产的发展，社会分工越来越细，一种产品的生产离不开工业、农业、服务业的配合，在三大产业的共同作用下才能形成最终的产品。简单来说，生产一个产品需要很多生产环节，其中很多生产环节需要其他产业提供服务，这些服务包括资金、销售、能源、信息、人才、技术等。

另一方面，随着人们生活水平的提高，人们对消费的需求逐渐多样化，各种为生活提供服务的行业诞生和发展起来，如旅游、装饰装修、美容美发等。由此可见，第三产业的诞生和发展是社会和生产的需求，是人类社会发展的必然结果。

三大产业虽然概念不同，但是存在着紧密的联系。例如，面粉的原材料是农业生产得来的小麦，而面粉的制作是一个工业生产过程，面粉的销售则需要第三产业。

按照原材料来源，工业可以分为加工制造业和采掘业。采掘业是以自然环境中存在的物质资源为劳动对象进行开采的工业，如采油、采矿、采煤、伐木等。采掘工业生产的是初级商品，初级商品是下一个阶段生产的劳动对象。加工制造业是对原材料进行加工生产的工业，它加工的对象有采掘业的初级商品；也有农业生产的商品，如钢铁行业、制糖业。

按照工业生产出产品的性质，工业可以分为重工业和轻工业。

重工业包括采矿业、冶金业、机械制造业、电力、建筑材料、化学工业；此外还包括一些新兴的行业，如电子计算机工业、航天工业、核工业等。重工业生产的产品主要满足生产的需要，一部分产品满足生活需要，如煤炭、电力等。

轻工业包括纺织、家用电器、食品、化学药品、皮革、造纸等工业。轻工业的产品主要满足人们生活的需要，一小部分满足生产需要，如纺织、造纸等。

此外，工业也可分为劳动密集型工业、技术密集型工业和资金密集型工业。

6.1.2　工业革命

从蒸汽机的发明和使用开始，到目前为止工业革命经历了从 1.0 到

4.0 的发展，人力从工业生产中逐渐解放出来，每一次工业革命都使生产力大幅提升，极大地促进了人类社会的发展，其产生的影响如表 6-2 所示。

表6-2 工业革命对工业产生的影响

工业革命次别	第一次（工业 1.0）	第二次（工业 2.0）	第三次（工业 3.0）	第四次（工业 4.0）
时间	18 世纪末期	19 世纪 70 年代	20 世纪 40 年代	20 世纪 70 年代
标志	蒸汽机的发明	内燃机、电力广泛应用	微电子技术的发展和广泛应用	电子信息技术的应用
诞生的工业部门	棉纺织、钢铁、机械、采煤	电力、飞机制造、化学、石油开采、汽车、加工	电子计算机、半导体、高分子合成、航天、激光、核工业	—
代表性工业中心	英国：曼彻斯特的棉纺织工业中心，伯明翰的钢铁工业中心	形成西欧、美国两大工业地带：西欧的德国鲁尔区、英国英格兰中部区，美国东北部工业区	苏联：乌克兰工业区。美国西南部：休斯敦、旧金山的硅谷。日本：九州的硅岛。英国：英格兰。德国：慕尼黑、斯图加特	—
工业布局变化和原因	工厂可以远离河谷，向交通便利和煤炭、铁产地集中	工业规模越来越大，生产更加集中	出现超高压输电技术和核电技术，原材料来源扩大，能耗减少，科技、环境、交通条件为主，分布趋于分散	—

1. 第一次工业革命

第一次工业革命（工业 1.0）发生在 18 世纪末，从英国开始，蒸汽机（图 6-1）的发明使机器取代了人力，人类从此进入"蒸汽时代"。这个时期诞生了很多发明，如表 6-3 所示。

图 6-1　蒸汽机

表6-3　第一次工业革命重要发明

时间	国家	发明者	发明项目	地位
1765 年	英国	詹姆斯·哈格里夫斯	珍妮纺纱机	第一次工业革命开始的标志
1785 年	英国	瓦特	改良蒸汽机并用于工业生产	人类进入"蒸汽时代"
1807 年	美国	富尔顿	汽船	交通运输业的革命
1814 年	英国	史蒂芬孙	蒸汽机车（火车）	

　　瓦特改良蒸汽机的使用是第一次工业革命开始的标志。蒸汽机是使用煤炭等燃料把水转化成水蒸气，再利用水蒸气产生动能的机械。蒸汽

机的使用时间很长。到 20 世纪初,蒸汽机仍然是动力的主要来源,后来内燃机和汽轮机逐渐取代了蒸汽机。第一次工业革命,蒸汽机被应用到各个行业,如纺织业、机械制造业,极大地促进了工业化发展进程,并使得交通运输业进入新的发展阶段。

瓦特是一位伟大的发明家,他在发明第一台蒸汽机后又经过 20 多年的研究。1785 年,瓦特在现有蒸汽机的基础上改良了蒸汽机,并将其应用到了纺纱机和织布机中。经过不断发展,蒸汽机的使用逐渐广泛,它被应用到其他工业领域,如冶金、采矿领域。

19 世纪上半叶,蒸汽机基本取代了手工劳动,英国完成了第一次工业革命,随后美国、法国等资本主义国家也开始了工业革命。

1765 年珍妮纺纱机的发明是第一次工业革命开始的标志。第一次工业革命以前农业和手工业是经济社会的基础,第一次工业革命以后工业和机械制造业逐渐变成经济社会的基础,推动了经济的发展,这一时期被称为"工业 1.0"。

工业革命发生在英国不是偶然的。在政治方面,17 世纪资产阶级革命后,资产阶级的统治地位在英国确立。随着资本主义的扩张,到 18 世纪中期英国成为世界上最大的资本主义殖民国家。在经济方面,国外市场不断扩大,手工业已经不能满足英国国内市场的需求,为了增加商品产量,必须改进生产技术。

1733 年,凯伊发明了飞梭。飞梭的发明和使用使得织布的速度大大提升。织布需要大量的棉纱,这就导致棉纱供不应求,从而带动了纺纱工业的发展。1765 年,纺织工人詹姆斯·哈格里夫斯经过研究发明了手摇纺纱机,使纺纱效率提高了 16 ~ 18 倍。他的女儿叫珍妮,因此他把纺纱机命名为"珍妮纺纱机"。珍妮纺纱机是第一次工业革命的第一台机器,工业革命从此拉开序幕。

在第一次工业革命期间,科学技术发挥了重要作用,使得资产阶级工厂逐渐取代手工工场,生产方式发生了翻天覆地的变化,这也带动了美国、德国、意大利等国家工业革命的发展,从此欧美国家逐渐走向工业化和现代化，使得资本主义世界体系逐步形成。第一次工业革命使得西方资本主义国家实力增强，这也导致亚非拉等国家沦为资本主义国家的殖民地，东方开始从属于西方。

　　工业革命中发明的几种机器之间有相互促进的关系。棉纺织机器的发明和使用推动了蒸汽机的发明和改进，蒸汽机的发明和使用推动了冶金、采矿技术的发展，也推动了交通运输业的发展，如发明了蒸汽火车，如图 6-2 所示。

图 6-2　蒸汽火车

　　第一次工业革命极大地提高了生产力，促进了资本主义国家经济快速发展。工业革命改变了世界格局，欧美资本主义国家成为实力雄厚的工业国，促进了这些国家的城市化进程。这个时期欧美资本主义国家以世界为市场，与世界各地产生了很多联系，改变和重塑了世界经济格局，导致了世界经济发展不平衡现象。例如，英国把棉纱产品销售到印度，使印度的纺织工业遭受灭顶之灾。

　　蒸汽机的使用促进了经济的发展，反过来经济的发展也促进了蒸汽机的发展。在工业生产中，人们对蒸汽机的体积、功率、质量等要求越来越高，在这期间人们对蒸汽机做了很多改进，提高了蒸汽机的性能，但是随着汽轮机和内燃机的发明和使用，蒸汽机因存在很多缺点而逐渐衰落。

18世纪60年代，从英国开始的第一次工业革命，历经多年发展在19世纪40年代结束。这次工业革命最大的成果是机器取代了手工劳动，以农业、手工业为基础的工业模式转变为以工业和机械制造带动经济发展的模式。

第一次工业革命的另一个成果是给交通运输业带来巨大变革，其中史蒂芬孙发明的蒸汽机车使交通运输业获得了飞跃发展。

史蒂芬孙是火车的发明者，他是矿工的儿子，蒸汽机伴随他长大，他立志要做交通工具的发明家。1814年，史蒂芬孙研制出了蒸汽机车"布拉策号"并试运行成功。1825年，史蒂芬孙研制出了"旅行者号"蒸汽机车，并驾驶蒸汽机车在新铺设的铁路上获得成功。蒸汽机应用到交通运输领域后，人类进入了"火车时代"，人类的活动范围不断扩大。

1814年史蒂芬孙研制的"布拉策号"虽然取得了成功，但是它存在很多缺点，如噪声太大、震动强烈，甚至机车随时有爆炸的可能。此外，该机车环境污染严重，开动时浓烟滚滚，把车上的人弄得满脸烟尘。车轮摩擦铁轨时火花四溅，机车冒出的火焰把道路两旁的树木都烧焦了，这也许是它被称作"火车"的原因。

史蒂芬孙看到机车有这么多的缺点，于是开始做改进工作。为了减轻车厢的颠簸，他在车厢下加装了减震的弹簧，把铁轨材料换成了熟铁，在枕木下铺设了石子，增加车厢和车头车轮的数量，并把蒸汽机设置在了车头以减少危险发生的损害。

1825年，史蒂芬孙研制的"旅行者号"性能有了很大提升，它可以牵引6节煤车和20节坐满乘客的车厢，其载重达到90 t，时速达到约24 km。这个场面吸引了很多人前来观看，火车旁人山人海。火车的汽笛声告诉人们铁路时代的到来。

2.第二次工业革命

第二次工业革命（工业2.0）的时间是从19世纪下半叶到20世纪初，人类进入了电气时代，并在信息革命、资讯革命中达到巅峰。

第二次工业革命的标志是电力的广泛应用。1870年以后，各种科学技术发展迅速，新发明、新技术层出不穷。这个时期爱迪生发明了钨丝灯泡和留声机，如图 6-3、图 6-4 所示。

图 6-3　爱迪生发明的钨丝灯泡

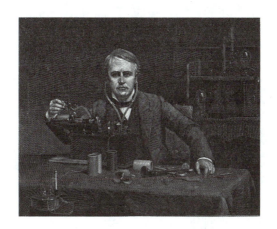

图 6-4　爱迪生发明的留声机

1866 年，德国人西门子发明了电机，这标志着第二次工业革命的开始。1913 年，美国人亨利·福特创建了世界第一条汽车流水生产线，因此，后期的流水线作业也被称为"福特制"。流水作业法一经推出，在世界范围内得到广泛推广。但是该作业法在当时饱受争议，因为该作业法加大了工人的劳动强度，美国演员卓别林出演的电影《摩登时代》就是对流水线作业的讽刺。

第二次工业革命进一步提高了社会生产力，同时也促进了电力、汽车、化学工业等新兴产业的诞生。

1831年，英国物理学家法拉第发现了电磁感应现象，并在这个现象的基础上展开了对电的深入研究。

1866年，德国人西门子发明了发电机；1870年格拉姆发明了电动机，可实际使用的发电机使得电力开始带动机器，成为继蒸汽机后新的动力来源。随后各种电器设备逐渐诞生，如电灯、电车、电影放映机等。

19世纪七八十年代，内燃机诞生，当时的内燃机使用的燃料是煤气或汽油，到19世纪90年代柴油机诞生。内燃机的发明解决了交通工具发动机问题。

19世纪80年代，卡尔·本茨制造出世界第一台由内燃机驱动的汽车，如图6-5所示。随后内燃机被应用到轮船、飞机上。内燃机也提高了石油开采和石油化工的生产力。1870年，世界石油产量约80万t，到1900年则高达2 000万t。

图6-5　内燃机驱动的汽车

科学技术的不断发展和进步，也促进了电信事业的发展。19世纪70年代，贝尔发明了电话。19世纪90年代，马可尼发明了无线电报，这为信息的传递提供了极大的便利，打破了空间距离的限制，人类进入一个全新的通信时代。

总的来说，第二次工业革命科学技术的发展主要表现在以下四个方面：

（1）电力的广泛应用。

（2）内燃机的发明和使用，新交通工具的诞生和使用。

（3）新通信工具的发明。

（4）化学工业的建立。

第二次工业革命和第一次工业革命相比具有以下几个特点：

（1）第一次工业革命首先在英国开始，第二次工业革命则在几个先进的资本主义国家同时开始。

（2）很多国家第一次和第二次工业革命同时进行。第二次工业革命开始时，很多国家第一次工业革命还未完成，因此这些国家两次工业革命是交叉进行的。

（3）第一次工业革命的技术和发明多来源于工匠的实践经验，第二次工业革命的技术和发明多来源于科学，科学技术和工业生产产生了紧密的联系，科学技术推动了工业生产力水平的提高。

（4）第二次工业革命导致垄断资本主义和帝国主义诞生。

相比第一次工业革命，第二次工业革命产生的影响更大，其影响有以下几个方面：

（1）第二次工业革命比第一次工业革命更快地推动了工业化进程，使一些国家变成工业大国。在第二次工业革命的推动下，电力、电气、汽车、化工、石油等一些新兴工业部门诞生，一些工业国家取得了迅猛发展，如1900年，美国、德国、英国、法国的工业总产值占到世界工业总产值的72％。

（2）第二次工业革命使企业结构发生变革。第一次工业革命机器取代了手工业，这些手工业企业规模较小，都是中小型企业。第二次工业革命诞生的新兴行业需要更大的生产设备，生产大量的产品才能盈利，在这种背景下企业进行了改革。

（3）第二次工业革命使企业管理成为一门独立的学科。第二次工业革命诞生了很多大型工业企业，这些企业生产中的科技含量相比第一次工业革命大幅度提高，因此企业管理变得尤为重要。在这个时期诞生了"泰勒制"企业管理法。美国福特公司提出了"大规模生产"的管理概念，并实行了"流水化生产线制度"。

（4）第二次工业革命推动了现代化进程，使世界变成一个相互联系、相互依赖的整体。在第二次工业革命的推动下，欧洲和美国工业化和现代化进程加快，并影响到周边其他国家和地区。第二次工业革命中产生的通信技术和交通运输变革，使世界各国之间联系更加便捷，拉近了世界各国之间的距离，使世界各国的联系更加紧密。到 20 世纪初，世界成为一个相互联系不可分割的整体。

3. 第三次工业革命

第三次工业革命（工业 3.0）的标志是计算机、空间技术、原子能、生物工程的发明和应用。第三次工业革命涉及很多技术和领域，其中包括信息技术、新材料技术、生物技术、空间技术、海洋技术，它是一场信息控制技术的革命，因此也被称作为数字化革命。

第三次工业革命的主要成果和历程如图 6-6 所示。

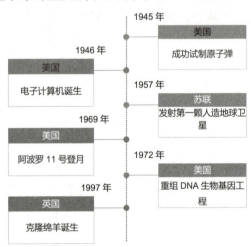

图 6-6　第三次工业革命的历程和成果

1957 年，苏联发射了世界上首颗人造地球卫星，标志着第三次工业革命的开始，人类进入利用航天器探索太空的时代。紧随其后，美国于 1958 年也发射了人造地球卫星。

1959 年，苏联发射"月球 2 号"卫星，它是世界首颗把物体送到太空的卫星；1961 年，苏联宇航员乘坐太空飞船进入太空。美国也在太空领域进行了探索，制订了登月计划。1969 年，美国阿波罗 11 号成功登月，这是人类和月球第一次亲密接触。

20 世纪 70 年代以后，人类对太空的探索扩展到太阳系之外。1981 年，美国研发出可反复使用的哥伦比亚航天飞机并试飞成功。该航天飞机具有三种特性：一是火箭，二是飞船，三是飞机（图 6-7）。航天飞机是宇航事业的重大突破。

图 6-7　航天飞机

1970 年以来，我国宇航空间技术发展迅速，已经成为世界宇航大国。中国陆续制定和实施了"嫦娥"探月工程，如图 6-8 所示；建造"天宫"空间站，如图 6-9 所示。2020 年 7 月 23 日，中国发射了火星探测器"天问一号"，这是中国自主开展行星探测的第一步。此外，中国还研发了"天舟一号"货运飞船，它是中国自主研制的第一艘货运飞船，是"天宫二号"的后勤保障系统。

图 6-8　嫦娥四号月球探测器

图 6-9　中国天宫空间站

　　在这个时期计算机技术和网络通信技术发展迅速，从窄带网发展到宽带网络，从有线网络发展到无线网络，人类进入信息高速公路时代。网络通信技术和互联网技术让人与人之间的沟通交流更加便利，打破了时空的界限，拉近了人与人之间的距离。随着这些技术的应用，全球化进程加快，地球上的每一个国家都紧密地联系在一起。

第三次工业革命从 20 世纪中期一直发展到末期，它是第二次世界大战之后科学技术领域的重大变革，因此这一时期被称作工业 3.0。

和前两次工业革命相比，第三次工业革命有以下三个特点：

（1）科学技术在推动生产力方面发挥重要作用，科学技术转化为生产力的速度加快。

（2）科学和技术相互促进，共同发展。随着科学技术的不断发展，人们探索的领域不断扩大。

（3）很多科学技术被细分为单独的学科，分工越来越细，科学研究越来越深入；各学科联系越来越紧密，并相互渗透，科学研究朝着综合性方向发展。

第三次工业革命，极大地提高了生产力。第三次工业革命之前，工业生产主要依靠提高劳动强度来提高生产效率；第三次工业革命主要是依靠科学技术进步、劳动者素质和技能提高、生产手段的不断改进来提高生产效率。因此，第三次工业革命对以下几个方面产生了很大影响：

（1）对经济发展的影响。对经济的影响主要体现在生产效率的提高和生产要素的变革。

（2）对社会生活的影响。第三次工业革命促进了现代化发展进程，改变了人的劳动方式和生活方式，使人的生活方式、思维方式、观念逐渐走向现代化。

（3）对人类社会的影响。首先，人类进入自动化时代；其次，人类探索的空间不再局限于地球，而是把范围扩大到地球以外的空间；最后，基因重组技术、分子工程技术和结构化学技术使人类获得了更强的创造力。

（4）对世界经济的影响。第三次工业革命促进了第二次世界大战后经济的恢复和发展，促进了国际贸易的发展，实现了生产资料国际化配置，推动了跨国公司和国际经济一体化发展。

（5）对国际关系的影响。第三次工业革命加剧了资本主义国家发展的不平衡，资本主义国家的国际地位发生了很大变化，扩大了世界范围内的贫富差距，改变了世界范围内的生产关系。

6.2 工业 4.0 和制造业

工业 4.0 指第四次工业革命。

工业 4.0 的概念最早由德国提出，并成为德国的一项"战略计划"。此计划于 2011 年由产学研联盟通信促进小组发起，并于 2011 年被纳入"德国 2020 高科技战略行动计划"。随后三个专业协会组建了工业 4.0 工作组，这三个协会包括德国信息技术、通信与新媒体协会，德国电气和电子制造商协会和德国机械设备制造业联合会。工业 4.0 工作组在 2012 年 10 月 2 日向德国政府提交了《确保德国制造业的未来——对实施"工业 4.0"战略计划的建议》，该建议得到德国政府认可。

德国工业 4.0 的核心理念是深度应用信息通信技术，推动实体物理世界和虚拟网络世界的融合，在制造领域形成资源、信息、物品和人相互关联的"信息物理融合系统（CPS）"，从总体上掌控从消费需求到生产制造的所有过程，实现工业互联和高效的生产管理。工业 4.0 是继机械化、电气化和信息技术之后工业化的第四个阶段，故称工业 4.0[①]。

德国认为，目前世界正处在信息网络世界与物理世界的结合期，即当前世界正处在第四次工业革命进程中。德国表示会积极参与第四次工业革命，其重心和方向是打造"智慧工厂"和"智能制造"，巩固德国在制造业的领先优势。

工业 4.0 是以智能制造为基础的产业升级，其内涵包含三个方面：一是自动控制，二是人工智能，三是信息处理。

---

① 孟习贞，田松青 . 经济发展解读 [M]. 扬州：江苏广陵书社，2019.

自动控制技术产生于工业 3.0 时代，自动控制技术衍生了自动化生产线。工业 4.0 简单来说就是对自动控制技术进行升级改造，让生产制造变得"智能化"和"无人化"。这就需要用到人工智能技术，特别是在生产中广泛应用智能机器人。工业机器人很早就出现了，但是其智能水平还不能把人从劳动中解放出来。因此工业 4.0 的重心是发展人工智能技术，简单来说就是构建智能制造体系和建设智能工厂。

自动控制技术升级离不开信息处理技术的发展。在虚拟生产与现实生产融为一体的工业 4.0 时代，以 CPS 为纽带的物联网，将成为智能生产与智能工厂的神经网络。利用物联网技术可以实现制造业、用户、合作伙伴的无缝沟通，从而实现生产和商业的智能化。

6.2.1　工业 4.0 的三大主题

工业 4.0 的主题包含智能工厂、智能生产和智能物流三大主题，如图 6-10 所示。

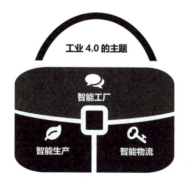

图 6-10　工业 4.0 的主题

1. 智能工厂

智能工厂中智能化生产系统与过程，以及网络化分散式生产设施的实现是其研究的重点。智能工厂是实现智能制造的重要途径，它的基础是数字化工厂，在这个基础上利用物联网技术和监控技术对制造业进行管理，实现工厂生产、办公、管理的自动化，从而使管理者掌握产销流程，提高整个生产流程的可控性，实现精准采集生产线的数据资料，从而合理安排生产方式和生产进度，加强企业管理，减少生产中的失误，提高生产效率。

实现智能工厂要满足三个条件，即"三高"，也就是高科技、高装备和高智商。智能工厂主要是依靠在生产设备中设置 CPS 来实现的。与传统工业生产相比，智能工厂生产的商品都是在 CPS 技术基础上生产出来的。因此，智能工厂可以有效降低生产成本，提高资源利用率，相比传统生产系统有很大优势。站在制造业的角度来看，智能工厂的意义是提高生产效率，可以在很大程度上提高生产力。

在工业 4.0 时代，智能工厂既是发展趋势，也是制造业企业走进工业 4.0 的基础。以德国为例，其智能工厂已结合使用信息技术、激光感应技术、机器人技术。德国很多大型工业企业如西门子、博世、巴斯夫等已将智能工厂投入使用并取得不错的成果。

2. 智能生产

智能生产主要涉及 3D 技术、物流管理、人机交互技术等在生产中的应用。智能生产比较受中小企业的欢迎，可以使中小企业成为使用者和受益者，也可使它们成为智能生产技术的创造者和供应者。

智能生产既是工业生产的一次重大变革，也是工业 4.0 发展的趋势。智能生产对生产者和客户来说是一个非常好的系统，它可以为客户提供个性化服务，如不同客户对产品的成本、特性、物流等要求不同，通过智能生产可针对性地为客户生产符合要求的商品。例如，日本利用 3D 打印技术为医疗、建筑、汽车制造、航空、航天、工业设计等领域生产个性化产品，这就是工业 4.0 的典型案例。

实现智能生产需要两方面内容：一是拥有一套完整的智能装备，二是智能工厂。智能工厂可以利用各种设备对生产进行操作和管理，如 PC 端、手机、平板电脑等。管理者只需要一台安装有智能化系统的终端，就可以在办公室对生产进行控制和管理。

3. 智能物流

智能物流是在传统物流的基础上实现物流的智能化。智能物流利用 RFID 技术、条形码、全球定位系统、传感器等技术，实现商品运输过程的自动化运作和高效率管理，从而提高物流的服务水平，减少各种资源的消耗。物流利用信息系统和自动化设备进行订单处理、仓储配送、物流运输等，提高物流的运行效率，实现物流的自动化、信息化、网络化。

智能物流是工业 4.0 的重要组成部分。智能单元化物流技术、智能物流信息系统、自动化物流装备是智能物流的核心要素。其中智能物流的基础是自动化物流装备，在这个基础上结合使用信息化、感知传感、人工智能等技术实现物流智能化。

自动化仓储系统、自动信息处理和控制系统、自动化搬运、自动化分拣和拣选系统是自动化物流的重要装备。在工业 4.0 时代，客户需求和以往有很大不同，其需求变得个性化、碎片化，这就要求产品的研发和生产周期缩短，这是智能生产面临的问题，也是物流系统面临的挑战。智能物流可以利用各种先进技术大幅度提高物流效率，使生产者和客户及时获取各种信息，根据信息快速做出反应。智能物流是连接生产者和客户的纽带，是制造业实现智能化的重要工具。

6.2.2　工业 4.0 的具体内容

工业 4.0 时代和工业 3.0 时代有很大不同。工业 3.0 时代是一种产品的大规模生产；工业 4.0 时代是多种产品的个性化生产，既要满足客户对个性化产品的需求，也要有大规模生产的成本优势。因此，工业 4.0 要比工业 3.0 更加灵活。

"个性化"是针对客户的需求量身定制的生产活动，"规模化"是重复性、大批量的生产活动。"工业 4.0"时代就是让"个性化"和"规模化"两个矛盾的概念融合在一起。工业 3.0 是库存式的生产方式，工业 4.0 是订单式的生产方式。工业 4.0 可以有效地减少库存，甚至可以实现零库存运行，也可以缩短交货期。因此工业 4.0 是制造业的转型升级，是一次全新的工业变革。

详细来说工业 4.0 的内容包含人工智能、工业互联网、云计算、工业大数据、工业机器人、3D 打印、知识工作自动化、工业网络安全和虚拟现实，如图 6-11 所示。

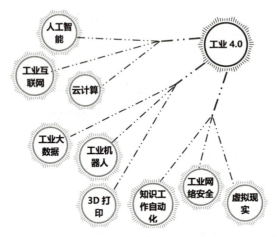

图 6-11　工业 4.0 的具体内容

6.2.3　工业 4.0 的特点

从本质上来说，工业 4.0 是一种信息技术发展到一定阶段而产生的新的工业生产和发展模式。工业 4.0 的目标是提升工业企业发展水平和国家竞争力。

工业 4.0 具有互联、数据、集成、创新和转型等特点，如图 6-12 所示。

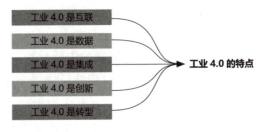

图 6-12　工业 4.0 的特点

1. 工业 4.0 是互联

当前，万物互联是人们生产和生活发展的趋势，工业 4.0 顺应趋势，把传感器、智能控制系统、通信系统、终端系统等先进技术和系统通过 CPS 融合形成一个智能网络，从而实现制造业生产过程中的各种互联，这些互联包括生产设备之间的互联、生产设备和产品的互联等。

（1）生产设备之间的互联。工业 2.0 和工业 3.0 使智能设备广泛应用于人们的生产生活中。工业 4.0 使得智能设备的应用更加广泛和普及，工业 4.0 时代将产生更智能、更高端的研究成果。单机智能设备的互联是工业 4.0 的基础，各种智能单机设备的互联形成了智能生产线，各种智能生产线的互联形成了智能车间，各种智能车间的互联形成了智能工厂。在工业 4.0 时代，各种先进的智能设备、智能生产线、智能车间即智能工厂可以有机地结合起来，满足不断发生变化的制造要求，这是工业 4.0 和工业 3.0 的最大不同。

（2）产品和设备的互联。2014 年时任德国总理默克尔在汉诺威工业博览会上讲到，工业 4.0 时代将实现智能工厂可以自行运转、零件和机器设备之间可以进行自主交流。产品和生产设备的互联，可以帮助了解产品加工制造的细节和流程。在产品生产过程中，零件与设备可以亲自参与并协助生产过程，也可以回答"完成时间""生产过程的工序"等问题。

（3）万物互联。工业 4.0 的目标是实现任何时间的互联、任何地方的互联，将所有智能设备和产品汇聚到一起，形成一个网络终端。简言之，万物互联是利用互联网把人、物、系统和数据连接在一起，从而实现人与人、物与物、人与物之间的互联，重新构造人类社会的生产和生活方式。

2. 工业 4.0 是数据

从第一次工业革命到当前的第四次工业革命，数据是先进工业生产体系和传统工业生产体系的最大区别。德国有的协会认为数据是工业 4.0 的核心，IBM 认为工业 4.0 的主导力量是大数据。进入工业 4.0 时代，制造业企业的数据会呈现井喷式增长。随着信息技术的发展和智能终端的广泛应用，将产生大量的数据，这些数据会渗透到企业运营、价值链和产品的整个生产周期，成为工业 4.0 发展的驱动力。这些数据可分为以下四种，如图 6-13 所示。

图 6-13　工业 4.0 时代数据的种类

（1）产品数据。产品数据包含九大类数据，其中包括设计数据、维护数据、建模数据、测试数据、工艺数据、加工数据、产品结构数据、零件配置关系数据、变更记录数据。这些数据可实现产品生命全周期管理，为生产个性化产品提供了条件。

个性化定制是工业 4.0 时代的趋势。因此，大数据具有很高的经济价值，利用产品数据可以进行个性化产品定制生产，为满足客户个性化要求提供了必要条件。一方面，嵌入在产品中的传感器会获得更多实时的产品数据，可以使产品管理贯穿于设计、生产、销售等全过程；另一方面，消费者的消费将产生大量数据，利用这些数据可以让生产者生产出更符合消费者需求的产品，这就意味着产品数据将用于产品的设计加工全过程中。

（2）运营数据。运营数据包括很多方面，大致分为十个部分，其中包括组织结构、电子商务、业务管理、目标计划、生产设备、库存、市场营销、采购、质量控制、生产。工业生产过程中传感器的应用和各种智能设备的连接为运营创造了很多数据，这些数据有利于企业研发、管理、生产、营销、运营方式的创新。

在生产中，生产线、生产设备产生的数据可以对设备进行实时监控，可以优化工业生产控制和管理。此外，采购、仓储、配送、销售产生的数据，可以为企业的生产、营销决策提供依据，提升运营效率，降低生产成本；销售、供应商产生的数据，可以帮助企业优化调整生产，合理安排库存量；生产过程中能耗产生的数据，可以帮助企业提升能源利用率，降低能源成本，提高企业利润率。

（3）价值链数据。客户、合作伙伴、供应商等产生的数据是企业的价值链数据。在经济全球化的今天，企业间的竞争日益激烈，因此企业需要提升技术、生产、服务、销售、采购和后勤等方面的竞争力。企业利用大数据，可以对价值链各环节的数据进行分析，可以在价值链各环节提升企业的竞争力。比如汽车制造企业利用大数据可以预测汽车的销量，可以缩短汽车的交付周期，可以提升消费者对企业的支持率。

（4）外部数据。所谓外部数据就是指企业本身以外的数据，如行业数据、市场数据、竞争对手数据等。一个企业不仅要关注企业内部数据，也要关注企业外部数据，更清楚地了解市场和竞争对手，从而做出提升自身竞争力的决策。在经济全球化的今天，外部环境瞬息万变，这既是机遇也是挑战。为了应对外部环境带来的风险，企业要实时掌握外部环境的变化，做出相应决策以增强企业的应变能力。大数据技术已经应用到宏观经济分析和行业市场调研，已经变成企业提高决策能力和应变能力的重要工具。一个企业不能闭门造车，要兼顾外部环境的变化，否则将对企业发展产生不利影响。

3. 工业 4.0 是集成

"融合的工业——互联协作"是 2018 年德国汉诺威工业博览会的主题，这说明在工业 4.0 背景下，产业集成化程度会越来越高。工业 4.0 利用 CPS 构建了一个前所未有的智能网络，从而实现产业的高度集成，其中包括纵向集成、横向集成、端到端集成。三个集成是工业 4.0 的重点，也是工业 4.0 发展的难点，唯有实现产业的高度集成，才是真正工业 4.0。

（1）纵向集成。纵向集成是企业内部各环节信息的无缝连接，比如在生产环节、运营环节，它是生产中各环节的集成和跨环节的集成。纵向集成主要是企业内部信息流、物流和资金流的集成，简单来说就是解决信息孤岛问题，解决信息网络和物理设备之间的联通问题。在工业4.0时代，一个完善的纵向集成企业，可以控制从材料到生产到销售过程中的所有环节。所以，纵向集成是产品全过程、全生命周期的集成，可以实现企业内部所有环节的无缝衔接，这是工业4.0时代智能化生产的基础。

（2）横向集成。横向集成是企业之间的无缝合作，为企业提供实时产品与服务，它是企业之间利用价值链和信息网实现的一种资源整合。因为企业都处在同一层次上，因此横向集成也可称作水平集成。随着市场竞争的加剧和信息技术的不断创新发展，所有企业都希望在生产过程中实现资金流、信息流和物流的无缝衔接和有机协调。在工业4.0背景下，企业要实现内部的高度集成，就要实现产业链信息集成，企业之间也要合作研发网络、协同供应链管理、共同重构价值链。

（3）端到端集成。在工业4.0背景下，端到端集成是一种新理念，它是指把所有的端点都连接起来，实现互联互通，并对价值链上的企业所拥有的资源进行整合，实现产品全生命周期的统一管理和服务。

端到端的集成可以是企业内部信息的集成，也可以是企业之间信息的集成，它贯穿于产品全生命周期中的每个环节，是企业实现大规模定制化服务的基础。总的来说，端到端集成是满足客户个性化定制的重要途径，是工业4.0的要求，是实现产业链各环节的价值体系重构的必然结果。

综合上述讲到的工业4.0的三个特点可以看出，工业4.0是工业生产的创新，也是工业企业转型的契机。

6.3　电子信息技术在工业生产中的应用

工业生产中应用了很多电子信息技术，其中主要体现为物联网技术的应用；此外，工业是物联网技术应用的重要领域之一。因此，作者将以物联网技术在工业生产中的应用为例来阐述电子信息技术在工业生产中的应用。

目前，物联网是提升工业生产控制能力和管理水平的重要路径，电子信息技术的发展和应用提高了工业领域信息采集及传递的能力，同时也提高了工业领域信息处理的能力，从而促进了工业生产中管理和控制手段的进步。

物联网技术应用于工业生产领域，可以优化和完善管理体系，可以提高生产效率、降低生产成本。利用 RFID 技术、云计算技术和宽带接入技术可以对工厂进行远程监控、控制、故障修复，可以对一线操作工人进行实时监控和管理，可在生产车间实现与产品有关信息的共享。在生产过程中出现的问题可以以最快速度解决，如当发现生产中有误差存在时可以及时减小误差。解决生产中的这些问题，既可以远程控制修复，也可以第一时间联系现场工人进行维修，从而可以提高企业产品的成品率，降低生产设备的返修率，减少人力和物力资源的浪费。

当一个工厂采购一些重型设备时，重型设备有大量的零件，需要技术工人进行组装。在每一个零件上设置 RFID 标签，可以确定所有零件是否齐全，也可实时跟踪设备运输情况，防止设备在转移过程中零件的丢失。对于设备生产厂家来说，一旦确定零件损坏或丢失，可以第一时间进行补货，在一定程度上提高了企业的形象和信誉度。

对于装备制造业，企业生产出的产品在使用中发生故障，则需要维修人员前往工厂进行维修，这往往需要很长的时间，需要企业花费大量的人力、物力，导致企业生产成本的提高，同时也对生产企业造成一定的损失。利用物联网技术，可以把所有产品和设备利用 RFID、报警装置、视频监控与互联网连接起来，形成一个远程监管系统。只需要将设备生产企业接入专门的节点，利用远程监控技术实现对设备的实时监控，对即将出现的问题进行预警处理，从而保证了生产的安全，预防了生产设备问题的发生。

6.3.1 制造业供应链管理

物联网技术可应用于工业企业的采购、库存、销售等方面，利用物联网技术可以优化和完善企业供应链，提高供应效率，降低企业成本。下面以销售为例阐述物联网在工业中的重要作用。

在网络销售中，客户的投诉多集中在产品质量和物流配送方面。近些年，虽然物流运输配送效率较之前有很大提高，但是在物流服务方面仍会出现一些问题，如配送不及时、物流运输情况无法查看等。这些问题发生的主要原因是消费者不能对商品物流运输进行实时监控。利用物联网技术可以实现客户对物流配送环节的实时跟踪，可及时发现物流配送中出现的问题，进而提高物流的服务质量，提高客户的满意度。

6.3.2 生产过程工艺优化

物联网技术应用在工业中既可以实现生产过程实时监控、材料消耗监测、实时信息采集、生产设备监控，也可以实现生产过程中的智能控制、智能决策、智能维护、智能监控、智能诊断。下面以物联网技术在钢铁生产企业中的应用为例阐述物联网技术对生产过程优化的作用。

目前，钢铁企业的生产效率不断提高，这就对设备的安全性、可靠性和高效性提出了新的要求。有些钢铁企业存在维修能力不足和检修手段落后的问题，这些问题会对生产造成很大威胁。钢铁企业利用物联网技术，可以对生产过程中温度、宽度等工艺流程进行实时监控，可以提高产品的合格率。在生产中对生产设备进行实时监控，可以防止安全事故的发生；也可采集生产过程中的各种数据，优化生产工艺，降低企业能耗，减轻环境污染。

物联网技术在参与工业生产中工艺优化过程中会用到三种系统，即设备监控管理系统、过程监控系统、生产监控管理系统，如图6-14所示。

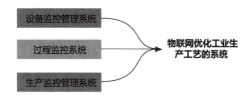

图 6-14 物联网优化工业生产工艺的系统

1. 设备监控管理系统

设备监控管理系统可以实时采集设备的各种数据信息，进而对设备进行维护和维修，并将接收的信息与自动化结合起来，实现对设备的监管。通过对设备状态的实时监控，进而将生产计划和制作指令发送到生产过程监控系统，来及时调整生产工艺，实现对设备的实时控制，并根据实际情况安排设备维修。此外，通过智能化仪表的信息采集和判断，可以对设备进行维护管理，预防生产事故的发生，确保生产安全。

2. 生产过程监控系统

数学模型和智能控制系统结合使用可以实现对生产设备的控制，保证在生产过程中各种设备处于正常状态，进而保证产品的质量。根据系统的对象和功能不同，可把系统分为多个子系统。上面讲到，在生产中，设备监控管理系统负责收集生产设备的各种数据信息，并把这些信息传送至过程监控系统的数据通信子系统，数据通信子系统对接收到的信息和数据进行识别，生成相应指令，并把指令传送到设备监控管理系统，从而实现对生产的控制。此外，过程监控系统可以把接收到的信息以图像的形式展现出来，操作人员根据图像显示的信息做出相应的操作，也可对这些图像信息进行保存。

3. 生产监控管理系统

生产监控管理系统可以根据接收到的生产信息实现生产动态的调度。生产监控管理系统根据管理范围的不同可分为生产任务管理系统、技术信息管理系统、质量管理系统。生产任务管理系统主要负责接收订单任务、制订生产计划和确定工艺流程，并对产品进行质量管理；技术信息管理系统主要负责对生产过程中的信息进行收集和整理，通过把上级系统传送的信息进行分析处理，并生成工作数据，实现生产工艺的优化，也可对生产信息进行存储供以后对比使用；质量管理系统主要负责收集上级系统传送的信息和数据，并对生产数据和技术标准进行必要的调整，把调整好的指令发送至生产现场，从而实现对产品质量的管理。

6.3.3　工业安全生产管理方面的应用

在工业安全生产管理中，利用物联网技术，在各种设备中如矿工设备、电厂设备设置感应器，可以感知生产环境是否安全；也可对在生产环境中的工人、设备机器等的安全状态进行感应，并把现有的网络监管平台升级为系统的、开放的、多元的综合网络监管平台，实现实时感知，做出准确判断和快速响应。

其中最典型的应用是美国 Accutech 公司针对各种工业阀门开发的无线检漏系统，该系统由通信网关、无线检测节点等组成，节点电源来自电池，电池续航能力高达 5 年。在数据收集方面，通过无线基站收集无线超声检漏装置数据，1 个无线基站可收集 250 个无线超声检漏装置的数据。目前，该系统被应用于很多工厂并取得了成功。

6.3.4　环保监测及能源管理方面的应用

目前，无论是国内还是国外，物联网技术在环境监测中广泛应用，并发挥着巨大作用。例如，澳大利亚为了监测蟾蜍的栖息和分布而使用环境监测系统。中国在国家物联网发展政策的推动下建立了"感知中国中心"，物联网技术在中国广泛应用，并成为国家重点发展的战略性新兴产业。为了响应国家号召，全国各地方政府纷纷建设环保自动监控、应急处理系统。

6.3.5　物联网技术促进工业领域节能减排

我国工业自动化和信息化是我国工业物联网发展的基础条件。此外，我国提出两化融合战略、产业振兴战略，这些战略对信息技术在传统产业中的应用提出了更高的要求。当前，我国制造业战略任务是提高生产效率、节能减排和产业结构调整。物联网技术在工业领域的应用，将引起工业企业生产、销售、管理等环节的变革，尤其是一些精密制造企业和一些制造过程中产生高压、高温、强腐蚀、强磁场的企业，物联网技术的应用将对这些企业产生深远的影响。

我国是世界制造业大国，我国目前的工业规模为工业物联网发展提供了广阔的发展空间。尤其是产业链长、产业结构复杂、企业规模大的制造业，为工业物联网的发展提供了巨大的市场空间。此外，我国在通信方面具有优势，这也为工业物联网的发展提供了网络基础。

在工业生产中需要消耗大量能源，同时也会产生很严重的环境污染，工业企业污染排放量占总环境污染排放量比重较大。因此，工业领域是推动节能减排和发展低碳经济的重心。

利用以物联网技术为代表的信息技术，对工业进行改造，是我国发展低碳经济的重要路径之一。借助物联网技术，可以以较低的成本实现对工业全过程的"感知"，可以获取以前难以获取的工业数据，这些数据可以实现优化控制、节约能耗和产品质量的提升。利用物联网技术可以极大地降低工业生产能源消耗，从而实现节能减排。物联网服务于工业生产，可以提高工业企业的生产效率，降低生产成本；也可以为客户提供透明和个性化服务，提高企业的利润率。综上所述，利用物联网技术发展工业物联网是推动我国工业自动化和信息化的关键。

6.4　精细农业

6.4.1　精细农业及精细农业技术体系

精细农业是从 20 世纪 90 年代发展起来的基于信息和知识的现代农业管理与经营理念，是实现农业可持续发展的技术支持。精细农业技术体系是农学、农业工程、电子与信息科技等各种学科知识的集成，其应用研究与发展涉及直接面向农业生产者应用服务的电子信息高新技术，农田信息快速采集与可视化表达技术，农田耕作、化肥管理、农药利用污染控制等适用技术和农业工程装备及其产业化技术①。

进入21世纪，人们逐渐打开知识经济的大门。电子信息技术的发展，使其逐渐渗透到各个领域，改变了人们的生活方式、生产方式和思维方式。改革开放以来，中国农业取得了飞速发展，中国利用世界7%的土地解决了世界22%人口的温饱，不得不说是一个伟大壮举。但是中国农业仍面临着严峻的挑战：第一，我国化肥的产量和使用量位居世界首位，单位面积施肥量是某些发达国家的2.6倍，我国化肥和农药的利用率为10%～50%，有待提高。化肥和农药的过量使用对环境造成很大污染。第二，我国水资源相对匮乏，降水利用率有待优化提高，节约用水已经成为一项重要任务。因此，我国应从粗放农业向精细农业转变。

精细农业的思想如图6-15所示。

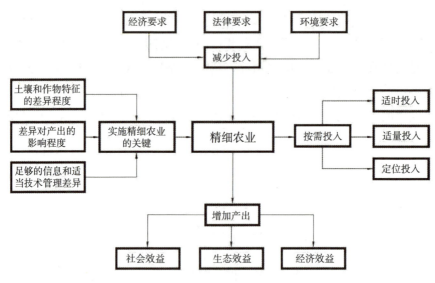

图6-15 精细农业思想示意图

---

① 汪懋华.精细农业[M].北京：中国农业大学出版社，2011.

精细农业技术体系包括数据采集、数据分析、决策分析和控制实施，如图 6-16 所示。

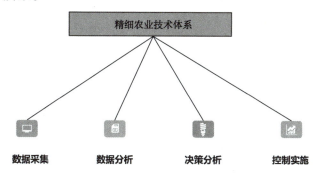

图 6-16　精细农业技术体系的组成部分

1. 数据采集

精细农业技术通过农作物产量数据采集、农作物检测和土壤采样来获取相应数据，用来了解农作物生长环境的特征。

（1）产量数据采集。产量数据包括每一小区作物产量数据、作物产品特性数据与作物对应的位置信息。

（2）土壤数据采集。土壤数据包括土壤肥力、土壤 pH、土壤含水率、土壤压实情况、耕作层深度等，还包括与土壤相对应的位置信息。

（3）苗情、病虫草害数据采集。采集农作物生长情况和病虫草害的分布情况相关数据。

（4）其他数据采集。如近些年平均产量、施肥情况、轮作情况，农作物品种、化肥使用、农药使用、气候条件等数据。

2. 数据分析

将采集到的数据以文本形式呈现出来，利用数学方法进行计算统计，并生成分布图。

（1）产量数据分布图。产量数据要经过多次采样才能获得，也需要对数据进行预处理，避免出现采样误差。

（2）土壤数据分布图。土壤采样不是连续地采集，需要估计采样点之间的数据差异。

（3）苗情、病虫害分布图。苗情、病虫害数据采集方式与产量数据采集和土壤数据采样有很大不同，它是以行走中的人为定点进行数据采集和记录的。

3.决策分析

精细农业技术是根据采集到的有关作物的各种数据，经过科学的分析制定相应的决策，以控制投入方式和施用量。决策分析是精细农业的大脑，其直接影响精细农业的实践效果。在决策分析阶段要用到 GIS，精细农业和 GIS 结合起来才能制定出科学可行的决策方案。

4.控制实施

精细农业技术应用的最终目的是对农业进行科学管理，从而减少投入成本，提高农作物产量。精细播种、精细除草、精细施肥、精细收割是支持精细农业的重要技术。

6.4.2　精细农业关键技术

精细农业关键技术包含全球定位系统、地理信息系统、遥感技术、农田信息采集技术和变量作业控制技术，如图 6-17 所示。

图 6-17　精细农业的关键技术

1.全球定位系统

全球定位系统（GPS）和地理信息系统配合使用，可以用于施肥、飞播、除草等作业。把 GPS 设备装在农业机械上，可以获得农作物产量数据、计算受到虫害作物面积等。GPS 在精细农业中发挥着重要作用，它可以提供精确定位、农机作业自动导航、测量地形情况等。农机安装 GPS 接收机后，可以为农机提供精确定位和作业自动导航。土壤的结构、含水率、有机质含量不同，利用 GPS 技术可以在作业时根据不同的土壤情况，自动调整化肥、种子的播撒量。GPS 可以提供精确定位服务，农业机械可以根据土壤情况，把肥料播撒到农作物所需的准确位置；在农药喷洒时，也可将农药喷洒到准确位置。这不仅能在很大程度上解放人力，也可提高农作物的产量，降低化肥农药的使用量，降低成本，保护生态环境。

2. 地理信息系统

地理信息系统（GIS）是农田精细管理的重要工具，也是精细农业管理的一项关键技术。目前，GIS 在精细农业中主要用于以下几个方面。

（1）管理数据。利用 GIS 技术可以实现对农业数据的管理，也可远程查询地理空间数据。GIS 以直观的图文形式展现各种数据，方便管理者对数据展开分析，并做出相应决策。

（2）绘制产量分布图。以收割为例，联合收割机安装 GIS 设备后，在收割作业时，每间隔一定的时间会记录收割机的位置，在这个时间段内，产量计量系统会称出粮食质量，这些数据会在驾驶室的显示屏上显示，并存储在地理数据库中。利用收集到的数据可以制作产量分布图，根据产量分布图可以在后期的作业中加以精细管理，从而提高农作物产量。

（3）农业专题图分析。GIS 可以提供叠加功能，利用该功能可以将不同的农业数据进行叠加，从而形成新的数据集。通过对数据集的分析，可以整体了解某地区、某区块的农业信息，分析其中的内在关系，有利于后期农田的精细化管理。

3. 遥感技术

利用遥感技术（RS），可以及时、准确地获取农作物和农作物生长环境的各种数据，它是获取田间信息的重要工具。遥感技术在精细农业中主要应用于以下几个方面，如图 6-18 所示。

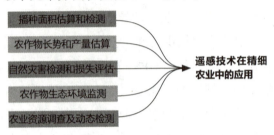

图 6-18　遥感技术在精细农业中的应用

（1）播种面积估算和检测。利用遥感技术可以获得农作物面积数据，也可以获得不同农作物面积的数据。

（2）农作物长势和产量估算。利用遥感技术不仅可以估算农作物产量，也可以对农作物生长环境进行检测，如环境污染、盐渍化、水土流失、土地荒漠等。这种检测是长期的，在检测中可以发现环境的变化，为农田管理者提供数据，并根据这些数据进行科学的田间管理。利用遥感技术还可以获得农作物长势情况，根据长势情况可预测农作物产量。

（3）自然灾害检测和损失评估。在农作物生长过程中，气候异常会对农作物生长和产量产生较大影响。利用遥感技术可以获取农作物受灾情况，对损失进行评估；此外还包括对小麦、棉花、大豆、水稻等作物的产量进行预估，对牧场牧草产量进行估测。获取受灾数据后，可以有针对性地对农作物实施浇水、施肥、农药喷洒等抗灾措施。

（4）农作物生态环境监测。遥感技术在生态环境监测方面发挥了很大作用，其中包括土地荒漠化监测、盐碱地调查监测、土地旱情监测等。通过这些监测可以获得相应数据，这些数据可以为生态环境治理提供决策依据，利于管理者采取相应措施。

（5）农业资源调查及动态检测。农业资源调查包括很多项目，如土地利用现状、草场利用现状、土壤类型等资源的调查。利用遥感技术获取准确数据，并绘制分布图，可以保证基本农田保有量和对农业发展实行动态检测。

4. 农田信息采集技术

农田信息包括两个方面：一是过去积累的信息，二是作物生产过程中的信息。详细来说这些信息包括土壤含水量、土壤 pH 值、土壤肥力、病虫害、苗情、产量信息，还包括平均产量、轮作情况、施肥量、耕作等信息。

5. 变量作业控制技术

精细农业是以农作物和环境变化为基础的现代农业管理技术，所以精细农业技术的核心是变量作业控制技术，变量作业的农机是实现精细农业的重要工具。

变量作业控制技术包括两种：一种是基于传感器的 VRT 技术，另一种是基于作业处方图的 VRT 技术。为了获得作业处方图，首先要获取农作物及其生长环境的各种信息，然后根据农作物生长模型和气候条件，对农作物的发芽率长势、养分进行预测，再利用 GIS 技术和 DDS 技术就可以获取作业处方图。但是作业处方图和农田实际需求可能会存在一定的差异，如果条件允许，可以利用传感器技术，对农作物及其生长环境开展实时监测，然后农业机械实施变量作业。

在现代农业体系中，变量作业控制技术可应用于多个方面，其中包括精细播种、精细施肥、农药精细喷洒和精细灌溉，如图 6-19 所示。

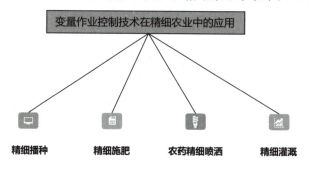

图 6-19 变量作业控制技术在精细农业中的应用

205

（1）精细播种。精细播种是把精细播种工程和精细种子工程结合起来，其要求是播种均匀、深度一致。精细播种的优势是节约种子，也可以使种子以最佳方式均匀分布在田间，为作物生长提供先决条件和最适宜环境；还可以提高农作物对营养的吸收率，创造良好的通风条件，最大限度利用太阳能。

（2）精细施肥。精细施肥的前提是充分了解不同地区、不同地块的土壤养分情况，再结合农作物类型，根据不同农作物类型、不同土壤情况，计算科学的化肥养分含量，从而做到科学的、有目的的施肥，同时也需要精细的施肥农业设备完成精细施肥。精细施肥可以提高肥料的利用率，可以避免因养分不足造成的农作物减产，也可以避免因施肥过量造成的肥料浪费和环境污染。

（3）农药精细喷洒。农药精细喷洒的前提是要了解田间杂草的分布情况，制定喷洒处方图，有针对性地进行喷洒，避免误喷洒的情况发生。农药精细喷洒是利用计算机程序和全自动、半自动农业设备进行喷洒，可以有效减少农药使用量，也可以避免农药使用过量对环境造成的污染。

（4）精细灌溉。精细灌溉的前提是了解土壤的旱情及农作物的特性，针对农作物不同阶段采用不同的灌溉方法，灌溉方法有喷灌、滴灌、微灌、渗灌等。精细灌溉可以有效节约用水，在保证农作物水量需求的情况下提高水的利用率。

6.5 电子信息技术在精细农业中的应用

物联网技术是电子信息技术的集大成者，也是目前应用较为广泛的电子信息技术之一。因此，物联网技术应用于精细农业是电子信息技术应用于农业的最佳体现之一。作者将以物联网技术在精细农业中的应用为例，来阐述电子信息技术在农业生产中的作用和意义。

6.5.1　农业物联网含义、功能和意义

1. 农业物联网的含义

农业物联网：在大棚控制系统中利用物联网和各种传感器获取农作物生长环境中各种物理量参数，这些传感器包括温度传感器、湿度传感器、光传感器、pH 传感器等。获取这些物理量参数后通过各种仪表将其显示出来，以这些参数为依据参与到种植控制中，从而保证农作物有一个适宜的生长环境；种植管理人员无须到现场，在办公室就可以进行大棚的环境监测和控制；利用无线网络对农作物生长情况进行测量，并获得农作物最佳生长条件，为大棚的温度、湿度调整提供科学依据，从而达到增产、增收、提高品质和经济效益的目的。

2. 物联网技术在农业中实现的功能

（1）实时检测功能。实时检测功能实现的基础是各种传感器。传感器可以实时检测空气温度、空气湿度、光照、土壤含水率、二氧化碳浓度等，获取相应数据，并将数据通过网络传送至管理平台，管理平台对数据进行分析和处理。

（2）远程控制功能。对于一些安装电动卷帘、电动灌溉系统、排风机的大棚，利用物联网技术可以实现远程控制功能。管理者可以利用手机或计算机，控制大棚内的灌溉系统、排风机、卷帘机；也可以提前设定好控制逻辑，当大棚环境不适合作物生长时，系统会自动控制打开或关闭卷帘机、灌溉系统、排风机等设备。

（3）查询功能。利用物联网技术，大棚管理者可以利用手机或计算机系统，实时查询大棚内各种环境数据、历史温湿度数据、历史机械设备操作记录等；此外，也可以查询当地的工业政策、农作物价格行情、供需信息等，实现综合信息服务。

（4）警告功能。在日常管理中，大棚管理者可提前设置好环境数据的上限值和下限值，针对不同农作物、不同生长周期、不同季节，管理者可对上限值和下限值进行修改。当数值超过限定值时，系统会发出警

告，并把警告信息发送至管理者，提醒管理者做出相应操作。

3. 物联网技术在农业中应用的意义

目前，现代农业发展面临着两个问题：一是农业资源紧缺，二是农业资源过度消耗。其表现如下：

（1）耕地资源不断减少。以 1996 ~ 2004 年为例，中国耕地面积减少了 1 亿多亩（1 亩 ≈667 m²），每年平均减少 1 000 多万亩[①]。针对这个问题国家出台了严格的土地管理政策，控制了土地减少量，但是每年还有 400 万亩耕地在减少。

（2）水资源紧缺。目前，全国农业灌溉区每年缺水量约 300 亿 m³。20 世纪 90 年代，每年受旱灾影响的土地约 4 万亩。

（3）水资源浪费和污染形势严峻。农业是用水大户，农业用水占总用水量的 70%，我国灌溉区的渠系水利用系数仅有 0.4 ~ 0.6，发达国家为 0.8，存在一定差距。

（4）农药化肥浪费污染。中国是世界上最大的农药、化肥使用国，2003 年农药使用量约 131.2 万 t，其中 90% 为有毒农药。中国化肥每年使用量约 4 200 万 t，占世界化肥用量的 33%，但是中国化肥利用率却低于 40%，比发达国家低 15% ~ 20%，造成了极大的浪费，这些浪费的化肥农药不仅增加了农业生产成本，还对环境造成了很大的污染。

物联网技术应用于农业，可以把传统粗放式农业转变为智能化的精细化农业，提高农作物产量和质量，提高动植物防病治病能力。精细农业是现代信息技术和先进农业技术相结合的农业管理技术，它是提高农业生产效率的支撑。

6.5.2　物联网技术在农业中的应用情况

目前，物联网技术在农业中的应用主要体现在农业资源、环境、生产过程、农产品流通等环节，保证生产前做出合理规划，最大化利用农

---

① 李纲. 第五届国家统计局机关统计科研优秀成果奖文集 [M]. 北京: 中国统计出版社, 2008.

业资源；保证在生产过程中通过精细管理提高农产品产量和质量；保证
在销售时高效流通和安全溯源。

1. 农业资源利用

随着电子信息技术的发展，农业领域不断使用 GPS 技术和传感器技
术，实现了农业资源信息的定位和采集；利用移动通信技术和无线传感
网络，实现了各种农业信息的高效传输和传播；利用 GIS 技术，实现了
农业资源的合理规划管理。

目前，GPS 技术已广泛应用于农业领域，其中包括农业资源调查、
农业污染监测、土壤监测、农业环境变化、病虫害监测。精细农业管理
的前提是充分了解农作物及其环境的各种信息，如农田的病、虫、害、
养分、水分、肥料等信息。使用农田信息采集技术和 GPS 技术，可以实
现定点采集、分析各种信息，并可生成各种农业信息分布图，为管理者
做出决策提供依据。

2. 农业生态环境监测

农业生态环境是农业发展的基础，对农产品安全、资源安全、生态
安全具有重大意义。因此，很多国家非常重视农业生态环境的保护和监
测，并利用多种手段保护农业生态环境：一是通过立法保护农业生态环
境；二是利用先进技术对农业生态环境进行监测，并做出多种举措保证
农业生态环境的可持续发展。

目前，我国利用无线通信技术和传感器技术，进行各种农业环境监
测，它们在农业领域发挥了重要作用。

3. 农业精细化管理

在某些发达国家，精细农业都利用了传感器、GPS、GIS 等技术，
这些技术手段已经成为获取各种农业信息、生产管理、应用智能化设施
的物联网关键技术。

（1）粮食生产。目前，我国及很多发达国家大面积农作物物联网已
经形成，并趋于完善。例如，法国建立了农业区域检测网络，对农作物
各生长环节、苗情、长势等信息进行采集和获取，并把信息传送至管理

平台，用于指导灌溉、施肥等农业管理工作。

（2）农业设施方面。利用无线通信技术对农业现场进行监控，并与互联网连接，将监控信息发送至数据服务器。通过监控平台系统不仅可以实时浏览监测信息，还可以对历史信息进行查询。

（3）养殖方面。我国及一些发达国家的养殖监测网络已经初具规模，可以实现精细养殖、实时监测、专家管理、产品溯源等。

（4）农产品安全溯源。农产品安全溯源使用了 RFID 技术和多种网络技术。通过商品包装上的二维码，消费者可以了解产品的产地、原材料、物流信息、检疫信息等，使其明白消费和安全放心使用。

6.5.3　农业物联网技术系统

农业物联网技术系统需要用到很多技术，其中包括由传感器组成的传感器网络、集成传感器技术、嵌入式计算机技术、无线通信技术、智能信息处理技术。

1. 精细农业物联网技术系统

（1）精细农业物联网技术系统架构。精细农业物联网技术系统架构分为四个部分，包括传感信息采集、远程控制、视频监控、智能分析，如图 6-20 所示。

（2）精细农业物联网技术系统平台。精细农业物联网技术系统平台由以下系统组成，如图 6-21 所示。

①数据采集系统。数据采集系统主要采集温室内的温度、湿度、光照、土壤含水量、虫害等数据。

②视频采集系统。视频采集系统利用全球眼系统摄像头和高精度网络摄像机，系统稳定性和视频清晰度等均符合国内相关标准。

③控制系统。控制系统由两部分组成：一是控制设备，二是继电器控制的电路。利用继电器可以控制各种农业设备，其中包括卷帘控制、农药喷洒控制、水分微喷控制、温湿度控制等。

④无线传输系统。无线传输系统主要负责把设备采集的信息利用 5G

网络传送至服务器。

图 6-20　精细农业物联网技术系统的总体架构

⑤数据处理系统。数据处理系统主要负责信息的处理和存储，可以为管理者提供决策依据，也可以实现数据和信息的查询功能。

（3）精细农业物联网技术系统主要功能。

①数据采集。温室内各种数据利用无线或有线网络传送至数据处理系统。如果温室内参数超标，系统会发出警告，管理者可做出相应调节。

②视频监控。管理者可利用各种无线终端和计算机实时查看温室内情况，可远程监控农作物生长情况。

③数据存储。系统可以存储所有历史数据，形成数据库，以供后期查询。

④数据分析。系统采集的数据可以以图像的形式展现给管理者，供管理者对数据进行分析。

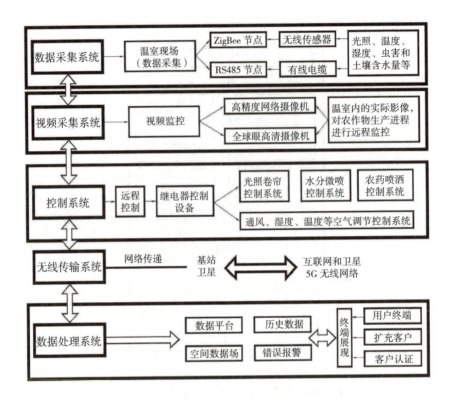

图 6-21　精细农业物联网技术系统平台的组成

　　⑤远程控制。在有网络连接的情况下，管理者可利用各种有线和无线设备，随时随地对温室内各种设备进行远程控制。

　　⑥错误警报。管理者可自定义设置各种数据范围，当超出数据范围时系统会向用户发出警报。

　　⑦统一认证。系统实现统一认证、集中管理控制，包括权限管理、用户管理、设备管理、认证管理等功能。

　　⑧手机监控。管理者可以利用 4G 或 5G 手机查看各种数据，并可以控制和调节各种设备。

　　（4）精细农业物联网技术系统具有涉及技术多，可靠性高、拓展性强，安全性好、兼容性强，超准确性，通用性好，计费灵活的特点，如图 6-22 所示。

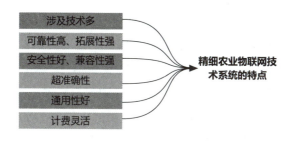

图 6-22　精细农业物联网技术系统的特点

2. 农业物联网技术应用架构

农业物联网由信息感知层、信息传输层和信息应用服务层组成，如图 6-23 所示。

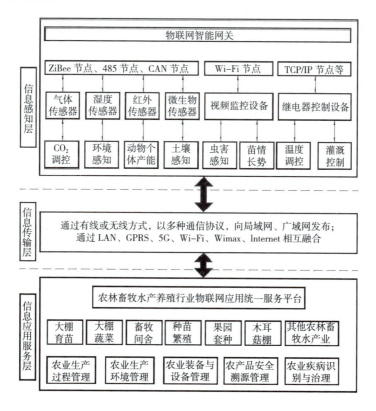

图 6-23　农业物联网技术应用架构

（1）信息感知层。信息感知层由多种采集设备组成，其中包括视频监控设备、RFID 设备、各种传感器节点。利用传感器技术可以实时获取农业中的各种信息，如苗情、长势、土壤信息、动物产能等；利用 CAN、ZigBee 节点可以将采集的信息传送到智能网关，实现各种农业信息和数据的实时检测和采集，以实现农业精细化管理。

（2）信息传输层。信息感知层获取相关农业信息后，将信息传送到信息传输层，信息传输层利用有线网或者无线网将信息发布到局域网或广域网，利用 LAN、5G、Wi-Fi、Internet 等相互融合，实现农业信息的传输和交互。

（3）信息应用服务层。信息应用服务层由很多系统组成，如农业生产环境管理系统、农业疾病识别和治理系统、农业生产活动管理系统。这些系统的主要任务是对海量数据进行分析、处理和对农业生产现场进行智能化控制与管理。在信息应用服务层，首先要对接收的数据进行一系列处理，形成最终数据，并把数据提供给农业控制管理系统，实现对农业的管理和控制，为农业生产提供决策依据。

第 7 章　结论和展望

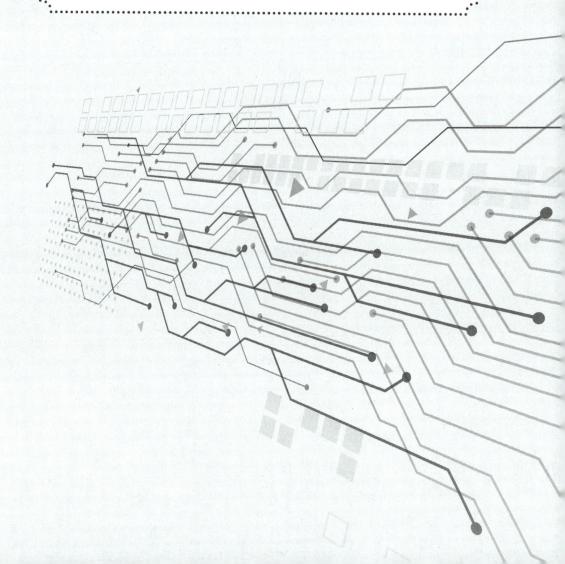

7.1 结论

目前，电子信息技术已经广泛应用到人们的生产生活中，小到人们使用的手机，大到火箭发射，以及飞船内电子元器件和电子设备到地面的测控、通信、计算机系统，太阳能电池板等，电子信息技术已经变得无处不在、无时不在。

7.1.1 电子信息技术之 5G 的意义

2019 年是 5G 商用元年。2019 年 1 月，国家发改委等 10 个部门联合印发《进一步优化供给推动消费平稳增长 促进形成强大国内市场的实施方案（2019）》，该实施方案提出加快 5G 商用牌照发放。同年 6 月 6 日，工信部向中国移动、中国电信、中国联通、中国广电正式发放 5G 商用牌照，允许这 4 家企业经营 5G 移动通信业务，从此我国进入 5G 商用时代。此后我国各地陆续推出 5G 商用套餐。

5G 商用意义重大，它将极大拉动我国的投资和消费需求。5G 是一种通用技术，可应用到各个领域，它的应用将促进经济社会数字化转型，无论是从线上到线下，还是从消费到生产，都将促进我国数字化经济发展。5G 的应用，将促进其生态产业链的形成，促进芯片、电子元器件、终端等产业链的升级和成熟；5G 的应用，将会促进智慧社会的形成，让人们感受到 5G 给生活带来的变化和新的体验，提高人们的幸福感、获得感和安全感。

1. 促进传统产业的发展

5G 的应用将促进基础设施和实体经济的深度融合，5G 技术将渗透到各行业、各领域的生产环节，它将给传统产业的资源配置、生产效益、产品结构、运营模式带来改变，加速传统产业的数字化转型和高质量发展，为传统产业提供新的发展动力。

（1）制造业。5G 技术应用于传统制造业，可以提高人机交互的速度，使得制造业的设备与设备之间、人与设备之间建立连接。由于 5G 具有低时延和高可靠的优点，它将使有线连接变成无线连接，数据传输线将消失，如飞机、汽车等领域将实现无线缆连接和生产，可实现实时自动高清监控。在制造业中，一些危险的工作将由机器人完成，利用 5G 技术可以把机器人和人连接起来，实现机器人与控制者同步操作，使制造业释放更大的潜力。

（2）农业。5G 技术应用到农业生产中，将使传统农业向精细农业、智能农业发展，使得农业管理更加精准。利用 5G 和传感器技术可以实时检测土壤含水量、酸碱度等信息，农业管理者通过移动终端设备即可获取农业生产中的各种信息；也可利用 5G 技术实现农业生产的远程操控，从而提高农作物产量和生产效率。消费者通过利用 5G 技术可以远程观看农作物生产全过程，从而吃得更放心。

（3）物流业。随着 5G 技术的应用，更多的无人驾驶汽车将出现在公路上。在港口和园区，将实现货物自动分拣和装卸，管理者只需要在办公室利用 5G 技术即可实现园区车辆的调配和控制。目前，各类物流仓库都装有大量的摄像头，5G 的赋能可以使传统监控升级为云监控，使传统物流升级为智能物流。在货物追踪方面，利用 5G 技术可以使生产者和消费者实时跟踪货物，使货物追踪没有延迟。

2. 给人们生活带来全新的体验

5G 技术会逐渐渗入人们生活的方方面面，如教育、娱乐、医疗、交通等，并给人们生活带来全新的体验，推动人们的生活方式跨越式发展。

（1）教育。5G 赋能教育将形成智慧教育，使得教育更加生动，使知识更加易懂。利用 5G 和 VR/AR 技术可以把 2D 课堂变为 3D 课堂，形成虚拟实验课、虚拟科普课等，使得某些晦涩难懂的知识变为数字化可视化的虚拟事物。

（2）医疗。2019 年，解放军总医院开展了世界首例 5G 远程手术测试。利用 5G 技术，医生在操控实验室里远程操控机械臂，对试验动物进行了肝切除手术。通过试验发现，利用 5G 技术远程操控延迟极低。利用 5G 技术将逐步实现远程会诊、远程手术、远程监护、远程超声等，使医疗更加智慧。

（3）超高清视频。5G 技术的应用使超高清视频得以实现，它给用户带来更加清晰、更具沉浸感、更具互动性的视觉体验。以 2022 年卡塔尔世界杯为例，32 支球队 64 场比赛全部采用 5G 超高清视频传输，给世界球迷带来了一场视觉盛宴，同时也是 5G 技术首次应用到世界杯。

（4）无人驾驶。5G 技术使无人驾驶变为现实，并使无人驾驶汽车数量增加。无人驾驶在使用各种传感器时会产生很多数据，这就需要数据的实时高速传输，使车辆能在极短的时间内做出判断。5G 技术恰恰可以满足这些需求，保障汽车行驶安全。此外，利用 5G 技术可以实现车联网。目前，联网汽车数量激增，利用 5G 技术可以使车联网通勤效率提高，降低交通事故发生率，减少交通拥堵，提供智能化道路交通环境。

3.让社会治理拥有智慧的眼睛

利用各种先进技术可以使社会治理更加高效，降低行政成本。5G 技术应用于社会治理、政务服务，将使其得到智慧提升。

5G 技术应用于智慧安防方面，可以支持海量智能安防摄像头的连接，以及支持 4K 高清视频的传输；可以构建不间断高清视频采集、智能监控网络，提升城市的安全防控能力。

在政务服务领域，可以建设 5G 办公系统、5G 政务大厅，提高政府服务效率和智慧政务水平。基于 5G 技术建设数据中心、政务云平台等信息化基础设施，可以形成智能化、一体化、交互化政务智慧枢纽。此外，通过部署 5G 网络、5G 高清直播、5G 政务远程审批，可以打破空间限制，让人们办事从"少跑路"变为"不跑路"。

7.1.2 电子信息技术之物联网的意义

随着物联网的发展，各种高科技、智能设备逐渐走进人们的生活，如无人驾驶汽车、智能家居、智能穿戴。人与物、人与人、物与物的连接使得人类社会进入"万物互联"时代，深深地改变了生产生活的各个方面；使得工业生产、农业生产、人们的生活工作方式发生巨大变化。互联网已经给社会带来颠覆性改变，而成本更加低廉的"万物互联"在将来会给人们带来更加美妙的体验。

全球"物联网"规模已经实现大幅度扩大。在 2000 年，世界范围内仅有 2 亿个事物接入互联网。随着科技发展和移动技术进步等因素的影响，现在全球范围内已经有超过 100 亿个物品接入互联网，人们进入"物联网"时代。

有学者认为，在"万物互联"时代，所有物品将具有智能的感知能力、较强的处理能力、更好的感应能力。把人和信息置于互联网中，人们将获得一个集数以万亿连接的网络，这些连接将创造更多的机会，让不会讲话的物品可以发出声音。万物的互联不仅可以让人和人之间有各种沟通的机会，还会给人们提供更好的服务。

1. 给人们的生活和工作带来改变

随着电子信息技术的发展，以前的互联网已经发展成为移动互联网和物联网。多年前，人们还需要利用计算机来获取信息。如今，智能手机的使用使得人们随时随地可以获取想要的信息，给人们的生活带来了巨大的改变。此外，网络变得无处不在，终端设备也不断增多，让人们可以处在"永远在线"的状态。

2. 交互变得频繁和自然

无论是互联网 1.0 时代还是 2.0 时代，建立的都是人与人、人与机的连接，而物联网是建立物与物、人与万物的连接，这些连接数量庞大。此外，智能设备将延伸和扩展人的感官与认知能力，如同人类的感官，让我们更加强大。

3. 促进传统产业和电子信息技术的深度融合

传统产业的发展需要电子信息技术的支持，无论是产品的研发、设计、生产环节，还是营销、物流环节，都需要物联网技术的加持。此外，利用物联网技术、大数据技术可以对产品进行升级和更新，满足客户的各种需求，提高客户的满意度。

4. 生产生活变得智能化

物联网对人们生活的改变是巨大的，它逐渐使人们的生活变得智能化。例如，人们在出行时导航会提供合理的路线规划，避开拥堵路段，使驾驶员拥有"千里眼"和"顺风耳"；在教育中，人们既可以利用物联网技术随时随地进行学习，也可以使优质的教育资源得到共享；在人与人沟通方面，利用手机等移动终端就可与家人、朋友、客户等进行沟通交流；在工业生产方面，利用物联网可以让生产线变得智能，减少人力投入，降低企业成本；在农业生产方面，利用物联网技术可以摆脱传统农业生产方式，使得农业管理更加精细，使产量得到提高。

7.2 展望

电子信息技术发展迅速，其应用范围也越来越广，相信在不久的将来，电子信息技术的发展方向会更加多样，我们的生活也会得益于电子信息技术，变得越来越便利。下面对电子信息技术的未来发展进行展望。

7.2.1 向集成化系统性方向发展

集成系统电路的制造技术是我国现有的高科技技术成果的代表，是电子信息技术发展过程中最重要的组成部分，在世界电子信息技术发展史上具有非常重要的地位。随着集成系统电路的芯片尺寸越来越小、面积越来越大和集成度越来越高，以及整个集成系统的逐渐完善，在未来的电子信息技术发展过程中，集成电路会变得更加细微化、更加精准化、更加直径化。

集成电路是采用特定的加工工艺，能执行特定电路或系统功能的微型结构。随着数字经济时代的到来，集成电路产业成为战略性新兴产业中新一代信息技术的重要构成，并带动了世界 GDP 快速增长。目前，全球集成电路产业的市场集中度较高，国际市场份额主要被海外公司占据，但同时在亚太地区人们消费能力进一步提升，对集成电路领域产品的需求增加，使世界的集成电路中心逐渐转移至亚太地区。

近年来，随着工业设备、通信网络、消费电子等终端应用市场的不断发展，全球集成电路市场的需求量稳步增加。根据世界半导体贸易统计组织统计和预测数据，全球集成电路市场规模呈周期性增长趋势，市场规模从 2015 年的 3 351.68 亿美元增长至 2020 年的 4 403.89 亿美元，保持着持续稳定增长。

集成电路设计属于知识与技术密集型行业，是集成电路产业的核心领域之一。近年来，全球电子信息市场发展势头强劲，消费者需求趋于多样化，终端应用市场需求不断扩大，这些因素加速了集成电路设计行业创新和发展的进程。集成电路行业未来发展趋势如下。

1. 高集成度的趋势

消费电子设备未来会变得更加轻薄短小，这也顺应了广大消费者的需求。消费者不仅希望购买的电子产品功能丰富，还希望其体积足够小，质量足够轻，携带方便，这样使用起来会更加便利。为了满足消费者的这些需求，电子产品生产厂商加大研发力度，对便携式移动设备的电源管理系统提出了更高的要求。即将多种功能集成到单个电源管理芯片内，可有效减少外部器件数量，提高加工效率，缩小方案尺寸，提高系统的长期可靠性；同时还能降低终端厂商的开发难度和成本，缩短研发周期提高利润率。这对研发队伍提出了更高的要求，希望在不久的将来，电子产品的高集成度会发展得越来越好。

2. 高效低功耗的趋势

随着消费电子行业的不断发展，消费者在要求产品性能优良的同时，还希望获得更长的续航时间。为了满足消费者这一要求，电子产品生产厂商应致力于研究低功耗电源的设计与开发，而低功耗电源设计也正在成为影响电子系统设计的关键技术之一。在未来电子设备的市场中，低功耗、高性能的电源管理芯片产品会越来越受到市场的青睐。

3. 数字化和智能化的趋势

传统的电源管理芯片的控制内核一般以模拟电路为主，在芯片中引入数字控制内核能够实现使用纯模拟控制技术时难以实现的功能。近年来，以数字控制内核为特点的新一代数模混合电源管理芯片逐步拓展至各个应用领域，呈现良好的发展势头。同时，随着移动终端产品的系统功能越来越复杂，电源管理芯片必须主动配合设备主芯片的功能不断升级，精细复杂程度、支持的功能和智能化程度不断提高。因此，电源管理芯片的数字化和智能化成为大势所趋。

7.2.2　向光电子技术方向发展

电子信息技术先后经历了电子学、光子学两个重要的发展阶段，实现了跨越式的发展。如果能把两者集合在一起，那么电子信息技术将会迎来更加美好的明天。进入光电子技术时期，应根据市场自身特有的发展规律和需求，逐渐衍生出信息光子学、能量光子学两门特殊学科，并促进其不断发展，以推进现代电子信息产业和光电子产业的发展与融合，实现电子信息技术的进一步发展。

未来先进光电技术发展态势：光电产业将成为第一主导产业，向更高速率发展，向灵活光交换发展，向更宽的通信窗口发展。

21 世纪光电子技术将以年倍增的爆炸速度增长，微电子技术遵照摩尔定律，以一年半翻一番的速度增长。光电仪器仪表是工业生产的倍增器，是科学研究的先行官，是国防军事的战斗力，是社会生活的物化法官。下面对光电子未来的应用领域和发展趋势进行一一阐述。

1. 光电子技术未来的应用领域

（1）信息领域。当今时代是一个信息化高速发展的时代，无论是现在还是未来，都离不开信息化的支撑。在信息化发展过程中，信息传输和处理流量正呈现质的增长，传统的电子技术已经无法满足当今时代巨大的信息传输和处理需求。

而光子技术与电子技术进行完美的融合，产生全新的光电子技术，能够极大扩大信息容量和提高信息传输速率，比起传统的电子技术优势巨大，能够有效促进信息产业的快速发展。

当前在信息领域已经开始大范围开展光电子技术的应用，并取得了极好的应用效果，为信息产业的蓬勃发展带来了更多的可能和更广阔的空间，提升了信息领域的发展潜力。

（2）能源领域。

能源是地球上的生物赖以生存的重要发展来源。在过去许多年的发展中，世界对能源的需求巨大，依靠传统能源取得了良好的发展成效。但是与此同时，世界发展在能源方面逐渐显现出诸多发展瓶颈，主要是传统能源的枯竭，世界各国对环境保护的呼声越来越大。

当前的主要办法就是进行清洁能源的生产和利用。如何研发出既清洁环保又能够高效利用的新能源，成为当今世界能源研究的主要课题。光电子技术能够将光能转化成热能的这一伟大功能，使得其在新能源领域备受关注，具有极大的新能源产业潜力，市场前景十分广阔。在世界范围内，尤其是在一些发达国家中，利用光电子技术获取新能源的方式已经得到应用，在我国也已经进行了初步的应用。

（3）汽车领域。

汽车是当今世界最主要的交通工具之一。随着社会经济的发展和人们生活水平的提高，人们对汽车的市场需求不断扩大。在汽车领域，人们开始越来越注重汽车的整体功率、能耗、舒适度以及外观等因素，这就意味着要研发更加先进的汽车生产技术。

光电子技术在汽车领域的应用，使得汽车的功率转化率大大提升。利用光电子技术能够对汽车生产材料进行高精度的加工，极大地提升了汽车的整体质量和舒适度，减少了汽车在使用中的损耗。

（4）环境领域。

地球环境是人类生存的基本条件，保护环境是人类共同的责任。步入21世纪以来，世界范围内的工业生产已经达到了一个相对成熟的水平；与此同时，工业的生产和发展对环境造成了极大的破坏，如逐渐出现的变暖问题和厄尔尼诺现象等，给地球环境造成了恶劣的影响。

人们对生活质量的要求越来越高，人们的环境保护意识越来越强，亟须研发出能够遏制环境逐渐恶化的先进技术。在这种情况下，光电子技术给环境保护和污染治理带来了新的希望，高精度传感器能够对环境中污染物的浓度进行准确的测量，并进行有效的治理与防护。

（5）军事领域。

一个国家的军事基础，是一个国家安全力量的巨大保障。光电子技术应用于军事领域，能够极大加强国防军事力量，有着广阔的应用前景。

利用光电子技术，能够制造先进的激光制导武器。目前，在这方面许多发达国家正在加大力度进行研发和应用。另外，光电子技术能够形成更加有效的图像传感器，使得单兵作战更加强大，得到许多国家的重视。

（6）医疗领域。

随着生活水平的提升，人们越来越注重身心健康。电子技术在医疗领域的应用主要是通过激光来治疗一些以传统治疗手段难以解决的疾病，如通过激光进行角膜的切除手术和治疗，能够帮助人们矫正视力。随着光电子技术在医疗领域中的应用，用相关设备进行手术，能够使手术更加精准，治疗效果更好，提升手术的成功率和稳定性。

2. 光电子技术的发展趋势

光电子技术已经不再停留于过往简单的光发射、调制、传输和传感活动的单一功能状况，目前已经充分汲取光子学、电光学的系统理论，大部分光电子部件集中分布在不同导体设备和光探测器内部，对于集成模块产生收发效果，同时连接调制器和波长变换器等创新形式的装置结构。简单来说，光电子产业是由相关基础设施和技术支撑的综合产业形式。

（1）显示技术规格的优化。

在光电子技术现状的引导下，内部研究人员应该集中一切力量对信息显示模式做出调整。根据过往实际研究数据，在人们依靠不同感官潜能对外界信息进行获取的途径中，以视觉功能为重点，不同的信息结构都应该利用显示形式展现，显示模式的转变和强化已经成为这门技术领域不可或缺的基准内容。面对夜视、激光以及全息技术的争相涌现和波导光学及集成光学的调整和延展目标，我国内部实力积攒仍旧不足。显示功能涉及产业形式比较繁多，它是一门综合性技术产业，加上研究活动起步较晚，因此我国与外国先进技术差距较大。

我国的显示技术在工艺模式和关键部件生产环节中不够科学、系统，同时缺乏规模化的配套能力，部分部件和材料还要从外国进口得来。所以必须加大对显示技术的创新和掌握能力，争取在最短时间内完成该功能的振兴和发展工作。

（2）创新应用趋势的分析。

面对光电子产业迅猛发展的局势和应用前景，不同国家分别将光电子技术分划到各自的综合发展方案当中，形成全范围的竞争形势。美国在重点研究作用下，已经建立若干个光子学研究部门，而我国在武汉地区也开始兴建"中国光谷"规划中心，经过一定时期的补充，在光电子产业的分析和应用层面上也取得了跻身世界先进队列的资格。

目前世界光电子产业格局主要呈现以下发展趋势：

①全光网方向和光通信容量高速增长，并成为主流发展特征形势。

②光显示效果向真彩色、高清晰度、平面化转变。

③光存储技术将改变原有的技术和材料，创造高密度、高速率的存储模式和系统形态。

④光输入产品呈现高速化、低成本特征，光器件向小型化、集成模块化过渡。

⑤激光技术利用超短波长、微加工优势完成与其他学科的融合，整体应用范围十分壮大。

在整个光子信息处理行业中，光电子通信部件和集成器具等都将成为未来光电子行业的重要支持因素。这种产业体制早晚会替代传统电子规模形式，并一跃成为 21 世纪最大规模的行业领域，为我国综合国力的提升创造更多的基础条件。

7.2.3　向更广泛的生活领域发展

在企业管理中应用电子信息技术可以极大地提升工作效率。随着科技的不断进步，电子信息技术的应用范围也将越来越广泛，人们的日常生活也将逐渐智能化。在生活领域中应用电子信息技术，能够让人们的思维得到改变，从而有效提高人们的生活水平。想要实现这种技术，必须得到国家政策的支持，培养专业的电子信息技术方面的人才，促使电子信息技术在生活中的普及得以实现；同时，还需要对电子信息技术进行不断的创新与完善，促使其能够和人们的日常生活相融合。在现代社会中，移动互联网技术、智能手机以及微博和淘宝等都已经在人们的生活中得到了广泛的应用。由此可见，电子信息技术已经逐渐地深入人们的日常生活中，认可电子信息技术的人群也越来越广泛。因此，企业应该对电子信息技术进行不断的完善和改进，使其在企业运行中的作用得到充分的发挥，从而让人们时尚化、科学化以及速度化的生活得以实现。总之，电子信息技术能有效提升人们的生活效率，降低生活成本，而且还能让人们的生活更加愉悦。未来电子信息技术应该力求研发出更多的智能产品，让人们的生活质量进一步提升。

7.2.4　向航天领域发展

在我国经济和军事发展中，航天领域发展有着非常重要的地位。在该领域中电子信息技术的应用主要体现在研发高精尖技术上。我国将电子信息技术科目设置在了航空重点研究领域上，如软件设计、微波遥感技术以及信息处理技术等；另外，还要求相关技术人员必须有效掌握完善的空间电子信息技术和高空探测技术。在航空领域中，电子信息技术的应用还体现在电子信息系统的研发、管理以及设计上。

参考文献

[1] 王协瑞 . 电子信息技术 [M]. 济南：山东科学技术出版社，2013.

[2] 孙景琪，严峰，吴强，等 . 电子信息技术概论 [M]. 北京：北京工业大学出版社，2013.

[3] 文新宇，胡卉 . 现代电子信息技术在环境保护中的应用实例 [M]. 湘潭：湘潭大学出版社，2016.

[4] 刘宏，张丽 . 大学信息技术应用 [M]. 西安：西北大学出版社，2019.

[5] 郭永贞，许其清，袁梦，等 . 数字电子技术 [M]. 4 版 . 南京：东南大学出版社，2018.

[6] 龚惠兴 . 中国电子信息工程科技发展研究 遥感技术及其应用 领域篇 [M]. 北京：科学出版社，2018.

[7] 姚方方，孙玉凤，朱镜瑾 . 汽车电子控制技术 [M]. 北京：北京理工大学出版社，2019.

[8] 腾讯研究院，中国信通院互联网法律研究中心，腾讯 AI Lab. 人工智能 [M]. 北京：中国人民大学出版社，2017.

[9] 张莉，刘黎 . 人工智能：Python 进阶 [M]. 成都：电子科技大学出版社，2019.

[10] 武军超 . 人工智能 [M]. 天津：天津科学技术出版社，2019.

[11] 赵亮，张宁 . 人工智能 [M]. 北京：北京师范大学出版社，2019.

[12] 张泽谦 . 人工智能：未来商业与场景落地实操 [M]. 北京：人民邮电出版社，2019.

[13] 丁飞，戴源 . 物联网 [M]. 南京：江苏凤凰科学技术出版社，2020.

[14] 蒋宏艳，贾露 . 物联网终端技术研究 [M]. 长春：吉林人民出版社，2021.

[15] 刘军，阎芳，杨玺．物联网技术 [M]. 2 版．北京：机械工业出版社，2017.

[16] 姚锡凡，张存吉，张剑铭．制造物联网技术 [M].武汉：华中科技大学出版社，2018.

[17] 张锦南，袁学光．物联网与智能卡技术 [M].北京：北京邮电大学出版社，2020.

[18] 尹学锋，颜卉．5G 通信导论 [M].武汉：华中科技大学出版社，2020.

[19] 曾威．5G 波形设计 [M].北京：人民邮电出版社，2017.

[20] 邓文浩．人工智能：理论基础＋商业落地＋实战场景＋案例分析 [M].北京：电子工业出版社，2021.

[21] 官建军，李建明，苟胜国，等．无人机遥感测绘技术及应用 [M].西安：西北工业大学出版社，2018.

[22] 钟方，魏星．无人机中电子信息技术的应用 [J].科技创新与生产力，2022（9）：45-47.

[23] 夏载军．浅谈新能源领域电子信息技术的应用 [J].新能源科技，2022（8）：26-28.

[24] 李红艳．电子信息技术在物联网中的应用路径探析 [J].产业创新研究，2022（16）：68-70.

[25] 付晖．电子信息技术在智慧农业中的应用 [J].中国果树，2022（9）：127-128.

[26] 顾亚文．单片机技术在电子信息技术中的应用 [J].电子技术，2022，51（8）：139-141.

[27] 卢德林，王瑜琳．计算机通信与电子信息技术在人工智能领域的应用 [J].科技风，2022（21）：50-52.

[28] 沙莎．互联网电子信息技术的应用特点与发展趋势分析 [J].智慧中国，2022（7）：75-76.

[29] 邱火旺．电子信息技术在人工智能领域的应用研究 [J].信息与电脑（理论版），2022，34（12）：162-164.

[30] 赵涵.基于电子信息技术在智能交通信号控制系统中的研究与应用 [J]. 石河子科技，2022（3）：12-13.

[31] 林丽真.电子信息技术与物联网以及大数据技术的交互融合应用 [J]. 信息与电脑（理论版），2022，34（11）：193-195.

[32] 赵多银.电子信息技术在物联网中的应用与融合发展思路分析 [J].网络安全技术与应用，2022（5）：136-137.

[33] 岳洋申.电子信息技术的发展现状及趋势 [J].中国高新科技，2022（9）：84-85.

[34] 赫磊，孙瑜.农业机械中电子信息技术的应用研究 [J].南方农机，2022，53（9）：102-103，107.

[35] 赫佳.探讨电子信息技术在人工智能领域的应用 [J].数字技术与应用，2022，40（4）：59-61.

[36] 王茜.嵌入式系统在电子信息技术中的价值应用 [J].数字技术与应用，2022，40（4）：80-82.

[37] 刘会方，陈秋歌.人工智能在电子信息技术中的应用研究 [J].智慧中国，2022（4）：78-79.

[38] 夏章珺.人工智能在电子信息技术方面的优势和应用 [J].无线互联科技，2022，19（8）：106-107.

[39] 李东君.计算机电子信息技术工程的管理和应用分析 [J].科技与创新，2022（8）：95-97.

[40] 杨维明，郭琳，彭菊红，等."电子信息技术导论"课程思政建设研究 [J].电气电子教学学报，2022，44（2）：98-102.

[41] 钟国文.人工智能与电子信息技术的应用 [J].集成电路应用，2022，39（4）：160-161.

[42] 王静.大数据时代电子信息技术应用特点及发展趋势探析 [J].信息记录材料，2022，23（4）：81-83.

[43] 徐志胜.计算机通信技术与电子信息在人工智能领域的实践应用 [J].数字技术与应用，2022，40（3）：93-95.

[44] 车玮.基于电子信息技术的智能交通信号灯控制技术分析 [J].中国信息

化，2022（3）：79-80.

[45] 张冬.现代电子信息技术的工程化应用研究 [J].电子元器件与信息技术，2022，6（3）：174-176.

[46] 郑树军，周波.医院管理信息系统中电子信息技术的应用 [J].长江信息通信，2022，35（3）：176-178.

[47] 王静.计算机与电子信息技术的工程应用分析 [J].电子技术，2022，51（2）：91-93.

[48] 洪志宏.论人工智能在电子信息技术中的应用 [J].华东科技，2022（2）：71-73.

[49] 张入化，申珺文.智能化电子信息技术发展及应用分析 [J].数字通信世界，2022（1）：144-146.

[50] 宫月月，袁明波，喻德奇.电子信息技术在物联网中的应用研究 [J].中国管理信息化，2022，25（2）：202-204.

[51] 张意斌.电子信息技术在智能交通信号控制系统中的运用研究 [J].时代汽车，2022（1）：195-196.

[52] 孙志明.电子信息技术在物联网中的应用 [J].现代工业经济和信息化，2021，11（12）：123-125.

[53] 操屹.电子信息技术应用特点及其发展趋势分析 [J].信息记录材料，2021，22（12）：88-89.

[54] 王玲.电子信息技术在计算机工程管理中的应用探究 [J].轻工科技，2021，37（12）：90-91.

[55] 马艳.电子信息与物联网技术的发展状况分析 [J].集成电路应用，2021，38（11）：160-161.

[56] 陈中华.大数据背景下电子信息技术发展研究 [J].数字技术与应用，2021，39（9）：210-212.

[57] 庞敏.计算机通信技术与电子信息在人工智能领域的实践应用分析 [J].长江信息通信，2021，34（8）：48-50.

[58] 张运生，林宇璐.不同类型创新生态系统如何推动核心技术开发与企业销售增长：以中国电子信息技术产业为例 [J].科技进步与对策，2020，

37（3）：98-105.

[59] 马学条，程知群，郑雪峰，等.电子信息技术虚拟仿真实验教学平台的建设与实践 [J].实验技术与管理，2018，35（11）：130-133.

[60] 马兰.基于电子信息技术的现代物流管理研究 [D].长春：吉林大学，2018.

[61] 王雪艳.中国电子信息产业技术创新能力研究 [D].沈阳：辽宁大学，2015.

[62] 傅强.基于电子信息技术的现代物流管理研究 [D].西安：西北工业大学，2006.